烏龜的七個秘密

歐陸最暢銷自我凝聚練習，讓平靜安穩由內而生

Die 7 Geheimnisse der Schildkröte

Den Alltag entschleunigen, das Leben entdecken

龍悠 Aljoscha Long
朗諾德．史威普 Ronald Schweppe 著
陳繪茹 譯

書若是緊闔靜置一旁，就像被捆綁又熟睡的小動物，對他人無法造成一點兒傷害。只要不吵醒牠，這隻小動物也不會對你打哈欠；只要你別把鼻子伸進牠嘴裡，牠也不會動口咬人。

——威廉・布席（Wilhelm Busch，德國藝術家和詩人）

目錄

烏龜的七個秘密……047

烏龜的七個秘密

讓安然平靜從內心自然湧現……

一個人如果能像烏龜將四肢縮進龜殼，而且有能力從探索世界的旅途中喚醒自己的每個感官，加以細察，就等於成功掌握了自身意識中的最高層次。

《聖典博伽瓦譚》五十八節 (Srimad Bhagavatam- Vers 58)

河邊停泊著幾艘小漁船，庫瑪的家就在那滿是林蔭的河岸下方，她不是在清澈的灣內悠游，就是在暖呼呼的岩石上日光浴，一如往常自由徜徉於白日夢中，舒舒服服地在芒果樹叢的綠蔭下怡然自得。

乍看之下，庫瑪和一般的烏龜沒啥兩樣。她有著田鼠比吉、水牛麥胡納或其他動物都沒有的本領：庫瑪在漫長的一生中學會了如何將自己完完全全縮進龜殼裡。可是，庫瑪又有別於其他普通的烏龜，因為她並不滿足於有能力將頭、尾、四肢都縮進龜殼；她更能將自己的念頭和感受全然脫離外界。日子久了，思想便悠然自得，維持著神清氣爽的愉快心情。

不過在這片芒果樹林中沒有任何秘密，就算是最深層的秘密，不出多久也都成為動物王國中議論紛紛的話題，猴子卡皮告訴了田鼠比吉，比吉馬上告訴了青蛙曼度奇，然後一傳十、十傳百，庫瑪就這麼出乎自身意料地成為森林中所有動物的睿智導師，許多動物不分遠近都前來向庫瑪傾訴求助。來的時候或許氣急敗壞，但離開的時候總是輕鬆釋懷。

想來真是令人驚嘆：始終如一的庫瑪竟能撼動他人、引發改變。雖然庫瑪看似什麼也沒做，卻讓身邊的對象都有所蛻變。她也因此體悟：**原來看似對什麼都不執著緊握，才是最終全盤獲勝的上上策。**

庫瑪能幫上什麼忙呢

儘管庫瑪的確與眾不同，畢竟她只是一隻非常非常老的烏龜，所以從烏龜身上你能學習的也只是固定的幾件事。說穿了，庫瑪真正能傳授的大概只有一件事：無所事事的藝術，亦即如何回歸內在、養精蓄銳、守護平靜。

乍聽之下，完全什麼都不做、什麼狀態都不追求，甚至全然隱身於「虛無」，這樣似乎缺乏意義。然而初次接觸時價值不大的事物，並非最後全都毫無助益。事實上，人們眼中不起眼的小事，往往可能帶來中樂透般的驚喜。

現今社會中真正懂得怡然自得的高手很少。其實每一次回歸內在、平靜心神，等於開了一扇又一扇的門，引領人邁向更安然知足的狀態。如果處於危機的你絞盡腦汁仍束手無策，這套功夫就十分受用。想要好好處理各種複雜的狀況，有時關鍵就在暫停手邊的急迫事務。解決之道無需外求，因為答案將由內而生。

如果你對以下的描述很有感覺，那麼好好閱讀這本書，必會讓你有所收穫：

- 我想學會如何向內尋得安然、安全與平靜的感覺。
- 此刻我好似迷失了方向，不確定自己的人生藍圖和目標。
- 我常感到焦慮，擔憂各種大小事。
- 每日的例行公事讓我心煩氣躁，難以保持平靜，很容易抓狂。
- 人生帶給我一連串挫折失敗，有時候甚至是重重一擊。
- 對於自己的長相、表現及生活的所有面向都感到不滿。
- 雖然稱不上快樂，卻莫名地堅持：人一定要快樂才對，而且絕對做得到。

庫瑪無法指導人怎麼修理腳踏車輪胎，不能傳授消除抬頭紋的小撇步，也不知道如何讓戶頭多出大筆錢財，對於完美的時間管理也無可奉告。如果庫瑪真有些能提升心智的真知灼見，恐怕也在另一個方面：烏龜深諳自我保護之道，在重要時刻會朝龜殼內退縮。正因如此，才能在過去數百萬年存活下來。

人類和烏龜一樣，都有內惡外敵。雖然北極的大型海鷗對於我們毫無威脅，我們橫死的機率幸好也很低，更絲毫不必擔憂某一天就成了他人餐盤上的山珍海味，可是烏龜就沒那麼幸運了。不過，我們的危險依然存在，只不過並非來自外在，而是出於內在。這些危險可稱為障礙，使得我們無法活得快樂、怡然和自在。這種情況一陣子之後，甚至可能因此生病，進而造成生命威脅。這些障礙有哪些呢？

- 擔憂著金錢、健康、環境、事業、未來、難搞的伴侶、不聽話的子女或討厭的同事。
- 自我批判和罪惡感。
- 在這個步調日益快速的世界中，每日面對著來勢洶洶的無形浪濤——急著網路連線、趕搭高鐵、無聊卻永無止境的電視節目、沉迷於手機等等。

- 難以滿足、經常妒忌、貪心；對於成功、性、酒精等其他事物上癮。
- 成天發脾氣，在高速公路被人超車也氣，鄰家的狗吠了整晚也氣，又或是氣自己煮焦了番茄醬汁。

讀到這裡你可能感到奇怪，上述情況和庫瑪這隻烏龜有何關聯呢？答案很簡單。

也許你對於烏龜的智慧還有所不知……

喜歡烏龜嗎？答是的人，希望你不是為了熬湯。不過，無論各位覺得烏龜是滑稽可愛或是古怪噁心，都得承認烏龜的確是動物界裡數一數二的奇特生物。

畢竟，世界上還有哪種動物能活到兩百五十歲？又有哪種生物能夠在全球海域中游個三千公里遠？

早在世界上第一隻恐龍擠破蛋殼而出之前，庫瑪的祖先就已經悠然自得地爬過了森林和原野；恐龍絕種了千百萬年，烏龜依舊存活直至今日。這都可歸功於烏龜超強的適應力，這項特殊能力使得烏龜成了生存大師。

面對危險，烏龜深諳全身而退之道：頭、腳和尾巴全都向內縮起，甚至可以將龜殼完全緊閉。

烏龜之所以能有驚人的壽命，正是因為了解如何以省力的方式過日子。

無論身在海洋、陸地、河流，又或是在湖水和沼澤中，烏龜都明白如何以最佳方式適應環境：不需要柔軟舒適的住所或是配有按摩浴缸的華美豪宅，幾乎在任何角落都可以隨遇而安。

烏龜能夠透過眼睛結構的改變，採取不同的觀點。正因為能夠以截然不同的眼光看世界，這種技能也珍貴如至寶。

烏龜能克服數千公里的長遠距離。就算得花上好一段時間，最終總會憑藉著堅定毅力抵達終點。

烏龜也很懂得省吃儉用：可以好幾週不進食，能夠長時間儲存水分。所以古時的水手常把海龜視為珍貴的水分來源。

另外重要的一點在於烏龜休息的本領：懂得如何完全放鬆，在烏龜的世界裡沒有忙亂奔波或績效壓力，過勞或憂鬱症也不存在。

以上可見烏龜的確有值得人類學習之處。畢竟，誰不希望自己哪一天也能夠放下執著、改變觀點或甩掉壓力呢？

庫瑪自然也是從小就具備了這些能力。然而時間一久，她卻也不再滿足於活得長壽、游過千里或輕鬆自得：庫瑪想要追求更多！正因為她終究不滿於現狀，才能夠化身為祝福。如果當時庫瑪安於接受了烏龜的命運，大概就不會踏上追尋快樂的旅程，自然也不會有現在這本書了。

庫瑪發掘快樂

那是個和煦的月圓夜晚，倒映在浪濤上的星星就像一顆顆跳動的珍珠，庫瑪是當晚唯一從蛋殼掙脫而生的烏龜。她輕輕翻落在白色的沙灘上，眨著小眼東看西看，露出滿足的微笑。這也自有其因，畢竟庫瑪可不是從普通一顆烏龜蛋出生的。可不是嘛，她的出身格外不同。除了溫暖安全的環境，庫瑪的家庭還具有其他優秀的特質，小庫瑪不久之後將進一步體會學習。

庫瑪的父親統治著名叫「庫姆蘇地」的廣大烏龜王國，除了勇氣過人，還是沉著明理的睿智領袖。庫瑪的母親在烏龜族群中是數一數二的大美女，眼中最重要的工作就是好好讓小庫瑪備受寵愛。

青少年時期的庫瑪（差不多五十多歲的時候），的確具備了所有值得快樂的條件：在隨風搖曳的棕櫚葉下，躺在乳白色的沙堆上，透過絕佳視野享受著遼闊的海景。要睡多久都可以，從來不必設好鬧鐘準時上班；心血來潮想來趟旅行時，早就有一大批期盼著和她攜手同遊的烏龜朋友們等候著。

在庫瑪居住的炎熱環境下，大部份烏龜必須將就吃些乾枯的雜草，還常常難以飽足。不過庫瑪卻因為那胖嘟嘟的御廚，從早到晚都有美味佳餚端到面前：人類從未嚐過的奇異珍果、稀奇少有的森林莓類，還有調味可口的螃蟹和貝類料理。

儘管如此，庫瑪仍覺得似乎少了什麼！雖然她從未找到答案，卻日漸感到困擾：她覺得自己年紀越大，就越難開啟快樂之門，連一丁點兒的縫隙都打不開。所以不僅棕櫚樹、沙灘或芒果冰沙都毫無用處，最頭痛的是她越是感到不滿足，越是清楚察覺自己身處的小世界中，有好多令她難受的事物：

村子裡的孩子會哭泣流淚，是因為父母彼此爭吵或是忙於其他事務而未能注意到子女。無奈的是，這種情形層出不窮。

有些來自都市的可怕人類會捕抓烏龜，將龜腳作為珍貴食材入湯，庫瑪一想到就反胃作嘔。

還有那些大大小小的惡意壞心、口角爭執、焦慮恐懼和擔憂不安，以及處處可見的各種危機。

最後也少不了討人厭的喉嚨疼、消化不良或健忘，這些並非人類特有的毛病，連各個年齡層的烏龜也可能深受其苦。

庫瑪越是深入思考，內心就越感到灰暗，也難怪後來有一天感到頭暈目眩（也可說是她終於崩潰了）。於是，就在當年第一陣秋風吹拂大地時，她下定決心離開烏龜皇宮，轉身朝遠方邁去。

庫瑪行走在乾枯的大草原時突然靈光乍現，認為尋得快樂的途徑就在於苦修，肚子裡還滿是王室佳餚的她自然認為這個想法值得一試。再說，禁欲在尋求真理時也是常見的作法。庫瑪開始斷食，除了喝水之外就是日復一日的斷食……不過她沒想到的是，烏龜就算一根草都不吃，依然能夠長時間存活，於是她就自然失去了食慾，隨便用山中黑莓填飽肚子，繼續邁上尋求快樂的旅程。

庫瑪無意間來到了土豬的洞穴小屋，雖然對方並未特別熱忱友善地接待，她卻在那裡迷上了賭博之樂。她和疣豬、臭鼬和小土豬度過了一個又一個夜晚，擲骰子、抽菸、飲著杜松莓酒。每回庫瑪骰出勝局，一陣快感立刻隨之而來；如果賭輸（機率偏偏又很高），她便為此生氣發怒。某天清晨，庫瑪在通宵狂賭之後，拖著步伐來到湖邊，想喝口水涼快涼快，突然一瞥自己的水中倒影。天啊，這哪裡有一丁點像找到快樂的樣子？賭博雖然看似歡樂，卻無法帶來一絲快樂和滿足。於是，庫瑪便就著破曉的第一道曙光，離開了這罪惡的深淵，滿是失望繼續上路。

她來到恆河，在綠意盎然的河畔臨時決定加入一群年老睿智的烏龜，向這些長者學習長時間展現奇特姿勢的樂趣。具有天分的她不久便學會單腳站立，接著還成功以頭倒立。庫瑪也學會盡可能地長時間地屏著呼吸，甚至厲害到要有人用力敲著她的龜殼，提醒她早就可以繼續呼吸了。雖然庫瑪因為這些練習得以平靜心靈，卻依然未能感受到絲毫她想要追求的快樂，而且單腳站立兩三個小時也實在有點蠢。因此她決定繼續再度四腳著地，朝山區前進。

庫瑪在某個高原上的神祕草藥園中遇見了一群非常放鬆自得的烏龜，蓬頭垢面的他們留著長髮，一臉開心樣，龜殼上畫著五顏六色的花朵。庫瑪告訴這群奇特的團體自己在追尋快樂，他們咧嘴笑著給了她一些特殊的草葉和蘑菇。庫瑪嚼了嚼，嚼得越久，眼中的世界就越顯得瘋狂，不過多久便開始晃著頭、隨著眼前閃爍的星星開始搖擺起舞。接下來無數的白晝和黑夜，庫瑪便這樣分不清上下左右一直嬉笑玩鬧。不過時間一久，看似再好笑的事物也會疲乏失效，體內奇妙的感覺也不再讓人感到舒服，無論是服用草藥或旋轉木馬帶來的作用，最終都落入同一個模式。

庫瑪沮喪又失望，離開了草藥園，漫無目標在森林和草叢行走了很長一段時間。她想：「要忙著處理千百件事還真簡單。要在這個世界上找尋快樂反而如此困難。」疲憊不堪的她就著一棵無花果樹的綠蔭坐了下來，稍帶倦意觀察天空中緩慢移動的雲朵，聽著樹葉在風的輕拂下擺動，享受著空中飄來的陣陣花香……

重新找回自己的庫瑪逐漸開始放鬆。身體放鬆時，呼吸也逐漸穩定，透過穩定的呼吸，思想和感受也變得平靜。放鬆的她同時也開始放下，察覺到自己的安寧，腦中突然出現了四項釋放身心的體悟：

庫瑪釋放身心的四項體悟

每個人都在追尋快樂，差別只在自身對此是否有所知覺。

多數人透過外界事物追求快樂，卻常常因此遭遇不愉快的經驗。

快樂之門其實是向內開啟的。

知足和安然只能由內而生。雖然存於內心，卻有許多可抵達的途徑。

以內制外，平衡和諧

其實你我都在追尋快樂，雖然有時候沒有意識到，但只要仔細觀察便會發現，我們的行動都是為了換取更舒服的感覺，也就是更快樂。無論是尋覓新工作、處理待辦事項、飛向夢寐已久的度假天堂、難以自拔地嗑著巧克力或長期飲酒過度，其實最終都是為了進入更舒服、更快樂的狀態。

不過人們有所不知的是，許多為了逃避痛苦或增加生活樂趣所採用的方法，造成的麻煩遠多過解決的問題。例如一早抱著頭痛和宿醉醒來，都還沒能好好為新的一天拉開序幕，又立刻東趕西急的。乍看之下，前一天晚上飲酒的確帶來不少正面的感受：人變得更放鬆、感覺更愉悅，享受了一個看似十分歡樂的夜晚。

追尋快樂的問題在於，事情的發展往往和預想不同！一時的快感、小小的逃避或暫時自我麻木，這些要達到絕對不難，但是從中得到的快樂不僅難以維持，事後的狀態甚至比之前更糟糕。運用這些方式並無法真正變得知足、輕鬆又快樂。

庫瑪悄悄話：不要花太多心力向外，真正需要照顧的是內在。倚靠外在力量以求內心平靜，這樣難以走得長遠。運用內在改變外在才是理想作法。

人會想從外在追尋快樂其實很正常，每個人都希望透過既定的生活狀態讓自己感覺更良好，也的確需要安全住所等基本條件，冰箱內應該有食物，最好也有件禦寒的套頭毛衣。不讓自己受苦，這是天經地義。不過如果快樂必須取決於太多外在的條件，問題就開始接踵而來，也就是「我還需要……」（請自行填空）的念頭。這些讓我們誤以為「只要滿足這些條件便會獲得快樂」的念頭，聽起來耳熟能詳，但它們背後的思考模式其實是相同的：

那麼，我還需要……

- 賺取更多錢財
- 買間好房子
- 找到對的伴侶
- 等到孩子長大離家
- 去西班牙小島度假
- 買更舒服的鞋子穿

……有了這些才會快樂，才可能好好自在放鬆。

如此一而再再而三，人總有尚待實現的願望和必須解決的問題。快樂被無限延宕的同時，我們卻深信自己日後會有充足的時間享受快樂，只要達到所有的目標，快樂便指日可待。問題在於，這些「非達到不可」的目標根本就不存在！埋頭處理待辦事項或找雙舒服的鞋子穿當然不是問題，問題在於快樂並不取決於此。

要掌控這個世界（或是個人範疇內的小世界），可能會讓人身心俱疲，因為事實證明這個世界不受你我控制。人當然應該試著對生活環境、自家花園或伴侶等盡心努力，但還有太多我們無法掌控的狀況：社區委員會可能會同意在社區旁興建垃圾焚化爐，花園可能被一幫鼴鼠搞得面目全非，伴侶也可能愛上別人。

相較於外在世界，成為自己內在世界的主宰就簡單多了。我們大可不必為了製作義大利麵醬所需的松露，花上幾個小時四處遍尋，改用番茄醬一樣也能讓人心滿意足（運用一些美味的香草和大蒜調味也能替料理加分）。

如果反求於內心，就能讓情緒、感受和生活更為平衡穩定，直接或間接產生正面效果。因為人在滿足和放鬆的時候不僅感覺愉悅，對於周遭環境和日常生活中接觸到的人也能發揮助益。

將心扉向內開啟

烏龜確實有些值得人類學習之處，例如該如何活到兩百多歲。另一項更有意思的能力則是能隨時隨地向內縮回、自我凝聚（這可能也是烏龜能如此長壽的原因）。既然快樂只能從內心尋得，接下來的問題自然是該如何向內追尋。

向內追尋的藝術便是「冥想」，這是一場內在的探索之旅，目的地則是我們內心最深處。冥想的基本理念在於幫助我們凝聚內心，養精蓄銳，回溯到生命能量的源頭，重新發現回歸自我的美好感受，同時也能從自身獲得安全感。

庫瑪悄悄話：心思平靜時，自然會由內產生洞徹能力和無限的廣度。如果希望能讓思想和感受趨於平靜，就要忘卻自我，專注在「沉浸」之上。

「沉浸」？乍聽之下有些抽象，以日常生活舉例就讓人放心了，例如孩童沉浸於遊戲裡，畫家沉浸於色彩中，戀人沉浸在愛情的滋味裡。對了，談到「放心」，說穿了就是人要放下一顆心，專注於某件事情。無論是聆聽交響樂演奏、欣賞日出或和深愛的人十指交扣，只要能沉浸在那點滴時刻，就等於更接近生命的本質，遠勝過為了生活日復一日地奔波。可惜後者往往正是多數人的生活寫照。

冥想的重點在於放下造成內心掙扎困惑的事物，獲得自由。既然有了自由，我們也就免於種種煩擾，因此也能趕走心中阻擋快樂的「猿靈」（Affengeist）。

「猿靈」指的是人的日常意識，因為我們的思想和感覺經常在一個又一個的刺激之間波盪，就像在樹林間跳動的猿猴。這些意識有如一條條隱形的繩索，將人綑綁於日常生活的事物上，我們就這麼被「束縛」於工作、戀愛、股價或最喜歡的餐廳。心繫於各種偏好事物並從中獲得喜悅，雖然聽起來很不錯，可是人同時也受到負面的事物牢牢牽制，例如自身的恐懼、憂慮、期待和預想。

如果希望心智能夠清新覺醒，就必須將心扉向內敞開。冥想特別有助於敞開心扉，讓心智感到煥然一新。關鍵在於：究竟該如何進行？冥想又和烏龜的七個秘密有何關聯呢？

首要關鍵：回歸感知

冥想時的第一步，也可能是最重要的關鍵，就是回歸感知。「回歸感知」的意思是向自我內在凝聚，之後就能獲得自身的感知。

數千年來瑜伽的哲理常和「冥想」環環相扣，烏龜在感知上代表的形象便是向內縮回的能力。印度瑜伽大師帕坦加利（Patanjali）在瑜伽經（Yoga-Sutras）中將感官的「收攝」（Pratyahara）解釋為「將各個感官從外在事物向內回歸」，且指出這就是瑜伽的入門。烏龜能把頭、尾和四肢都向內收回，人若是懂得運用這個道理，引導感官和思緒脫離外界事物、進而向內回歸，意識便能擺脫世俗事物的煩擾，從而獲得能量、平靜和光明。

庫瑪悄悄話：人有向外敞開心胸的時候，自然也有回歸內在的時候。想要順利進入夢鄉，就應該在睡前熄滅燈火。若希望全面感受平靜的力量，便應該將感官從外在世界朝內在轉移。

Pratyahara這串異國文字聽起來也許難懂，但是所代表的凝聚回歸能力卻蘊藏著非凡的價值！如果能夠暫時關閉對外的通道，轉而向內回歸感知，許多問題便能迎刃而解，因為比起對外攻擊，向內回歸才是更強而有力的防禦，尤其是當我們迷失了自我，或疲於追求抽象的目標，此時向內回歸幾乎都是上上策。透過覺察自身內在，才可讓身體和心靈得到放鬆、呵護。

所以千萬別等到壓力使得身心不堪負荷，別等到因為憂鬱麻痺，才完全退縮隱居。時機到了就應該踩下煞車——例如研讀本書的七項秘密就是一項不錯的作法。只要感知意識能在日常生活的滾滾浪濤中自由徜徉，我們不僅能感到快樂，同時等於在照護自身健康，賦予身心更堅強的防禦力。

掌握時機，來去自如

有時候人必須將身心向外敞開，好處理事務、追求目標或形塑出理想的生活；有些時刻也應該只保留給自己，哪怕孩子在吵鬧哀號、桌上的文件堆積如山、好幾通重要電話急著打，又或是必須將汽車送廠檢驗，萬萬不能因此忘記了自己！哪怕只是極短時間的向內回歸和自我凝聚，也能夠替自己注入驚人的能量，從而有餘裕處理一些麻煩事物。

烏龜能夠完全縮入龜殼，也能夠再度向外伸展以持續向目標邁進。我們也應該效法這種伸縮自如的本領，因為一味逃遁或如隱士般閉關並無法帶來自由。

若希望安然自得，便應該要學習如何將感知從外界抽離。接下來會談到如何凝聚「外在感知」，它不是充耳不聞，而是讓各種念頭、感受、預想和看法都趨於平靜。此外，庫瑪的七個秘密則可以告訴我們，如何讓意識變得澄澈、愉快又平和。這個境界和單單闔上雙眼進入夢鄉當然有著天壤之別。

尋見快樂的七種途徑

請試試看：用一小段時間，找個安靜的角落，向內回歸。此時會發現，要將五種感官從外在抽離其實不太困難。閉上雙眼便能無視於視覺刺激，加強空間的通風能趕走惱人的氣味，嚼一嚼口香糖便能享受口中怡人的氣味，關緊窗戶也能隔絕外來的噪音。

問題是，心中噪音依然轟轟作響。本書的主題正是如何凝聚「內在感知」，即思緒意識。現今世界上要求得平靜，可說是難上加難，報章雜誌、網路世界不斷干擾著我們，若住在城市就不可能完全免於街道噪音的干擾，就算是在深夜也可能傳來街角大卡車駛過的噪音，又有心浮氣躁的駕駛人狂按喇叭。脫離這些噪音的唯一途徑便是讓內心充滿平靜，達到冥想的境界。

可惜許多人聽到「冥想」就立刻聯想到身穿飄逸黃色袈裟、六根清淨的光頭和尚盤腿打坐。這是錯誤迷思。冥想最重要的關鍵是學習如何實踐放鬆、愉悅又自在的生活哲理，而本書提到的庫瑪的七個秘密能夠助人一臂之力，哪怕外在世界多麼混亂，我們都能保持內心的平靜和澄澈。

那些庫瑪能教我們的事

如果你認為庫瑪能完美示範蓮花坐姿，那可就錯了，因為烏龜的柔軟度不在腿部關節，而深藏於另一個面向。庫瑪可以傳授他人的是將冥想融入生活的七大秘密，她可以教我們：

1. 守護平靜心靈：內心的平靜可以日益穩固，堅強到我們在維持平衡上幾乎能百無一失。只要學會「別過度看重發生的事件」，尤其是「別過度在乎自己」，那麼反而能夠輕鬆泰然。

2. 緩緩慢活：想要達成目標，就得謹記欲速則不達的道理，有時候多拐幾個彎，甚至會有驚喜收穫。自在慢行的同時應該多踩煞車，別緊踏油門。

3.永不放棄：如果相信自己正朝著正確的方向前進，就應該堅持不懈。有始就應該有終，克服外界或內心的阻力以持續到底。

4.妥協並調適：只要夠柔軟、彈性，就能避免僵化偏執，不會因為執著而挫敗。保持柔軟和彈性有助於在不同情況下轉變，進而維持友善的人際關係。

5.簡單卻滿足：知足的人易於因為生命中的「所有」而心滿意足。懂得享受日出就不需要豪華別墅，不會傾注畢生心力卻只淪為金錢的奴隸。追求的目標越少，就越容易具備快樂的條件。

6.心平氣和：使用暴力有害無益。與他人和平相處並懂得愛自己，便能避免生活中衝突不斷。此外，敞開心胸自然也遠勝過緊閉心扉。

7.維持本質真我：將心神凝聚於自我本質，有助於保留氣力。懂得回歸自我，便不會因為種種因素分心而失去自己，進而導致混亂煩躁。

烏龜的七個秘密

一、從容自在：長久守護平靜心靈的秘密

第一次賽跑

兔子夏沙卡聽聞了庫瑪的智慧，一股怒氣湧上心頭：「什麼智慧？根本就是無稽之談！」他決定要給庫瑪一點顏色瞧瞧。

夏沙卡嚷嚷道：「喂！老烏龜女士，如果我們兩個賽跑，你那一身智慧派得上用場嗎？」庫瑪偏著頭凝視了夏沙卡一會兒後說：「啊，親愛的。我只不過是一隻平凡無奇的老烏龜罷了，和你賽跑我只能望塵莫及。不過既然有榮幸一較高下，我自然不能婉拒。」夏沙卡不可置信地豎起兩隻長耳朵，笑得上氣不接下氣。庫瑪接著說：「明早破曉時刻，就從這裡開始賽跑，以向日葵田為終點。」

雖然夏沙卡感到勝券在握，卻也覺得有些不對勁兒，喃喃自語：「這隻老烏龜怎麼這樣老神在在？八成有什麼秘密……到底是怎麼一回事兒？」他整夜忐忑不安，輾轉難眠，才睡沒一會兒就從詭異的夢境中驚醒，快到清晨時才終於入睡。

等到夏沙卡睡醒，早已日正當中，他兩腿飛快，直奔約定的比賽終點——庫瑪早在終點微笑等待著。這下兔子無地自容，立刻轉身直奔家門。

庫瑪就這麼秉持著從容自在的態度以及平靜的心，贏得了第一次賽跑。

一九六〇年代德國電視廣告有個知名角色「ＨＢ男」，天生帶衰的他總是把一切事都搞砸。某次為了追打蒼蠅，緊握捲起的報紙揮動著，不僅打碎了價值不菲的瓷器，最後整套家具都面目全非。那怕只是除個草、貼貼壁紙或踏出浴缸，他總是禍難不斷！每當這個倒楣的癮君子一邊憤怒咒罵，一邊搥胸頓足，廣告尾聲便會在畫面上方出現真理般的旁白文字：「心情好就萬事順利！」

不過到底該怎麼做才能「心情好」？

類似ＨＢ男的人不在少數，成天為了芝麻綠豆大的事怒氣沖天，陷入負面情緒，使得自己和他人心情難以平靜。有些人明明某天一大早下定決心，不再任憑負面情緒醞釀發酵，但發現果醬罐空空如也或是拉鍊被卡得死緊，心情又開始走下坡。

究竟為什麼這般無聊的日常小事會使得原本平靜的心開始刮風下雨呢？為什麼有些駕駛人只要上路就有怒氣，氣呼呼地直罵他人「可惡」擋道呢？其他駕駛人是如何維持平和安穩的速度，卻也一樣（甚至更順利地）抵達終點？又為什麼原本有說有笑的家庭聚餐常常因為三言兩語就成了彼此攻擊的戰場？

某一天驢子辛度登門拜訪庫瑪：「大師，聽說您有神奇的能力，所以想問問您是否能幫個忙。」庫瑪微笑對辛度表示：「是否幫得上忙，這點我說不準。不過能確定的是你能夠幫助自己。」辛度難過地回答：「唉，這怎麼自己幫忙啊？整片芒果叢林的動物中，就屬我脾氣最拗、最固執。不管是青蛙、老鼠或猴子，每個人都受不了我這驢脾氣。這種緊繃焦躁的個性我自己當然心知肚明。」庫瑪回道：「辛度，親愛的，緊繃焦躁就像疾病一樣，可能發生在人人身上，無論是青蛙、老鼠、猴子或驢子都未必能倖免。『不夠從容自在』反倒是你自己選擇得的病。」

人的內心無法平靜，表面上看來好像與自己的決定無關，因此我們常常順勢將發脾氣歸咎於外界的棘手狀況。不過究竟何者為因，何者為果？是因為他人態度不佳使得自己心情不好，還是自己先擺出一張臭臉給他人看？

人無法從容自在，往往正因為總在替自己的壞心情找代罪羔羊。

茱麗安每天堵在車陣中，今天出門晚了些，恐怕上班又得遲到了。不過她不僅不接受這項事實，反而硬是要找出某個讓自己發怒的藉口。茱麗安氣呼呼想著：「難怪！這樣一連都碰到紅燈，怎麼能好好開。開在我前面那個笨蛋八成又在打瞌睡了！環狀道路早就該蓋好了，不過市政府大概又要東拖西摸個兩三年才開始動作。最大的問題就是：世界上車輛太多了！地鐵本來可以當通勤備案，但是票價貴到像搶錢……」

茱麗安犯的錯誤就在於，讓自己的腦海中充斥著大環境不佳、交通規劃差勁等想法。如果她沒有允許這種負面思想肆意亂竄，可能多少還能掌控心情。結果，她原本的焦慮緊張反而發酵成了敵意、憎惡和怨懟，如此怎麼可能背負著這種情緒，從容愉快地開始一天的工作呢？

輕鬆的心情和外在的阻礙困難關聯不大，反而取決於面對問題時自己的態度。唯有完全替自己的感受和反應負責，才可能免於負面情緒威脅，也才不會總是淪為外在狀況的受害者。生活絕對會一再出現挑戰和難關，自己也難免受身邊的人言行刺傷，不過是否要以傷痛或憤怒回應，卻永遠是個人的選擇，因為唯有自己才能決定是否要將其視為傷害、侮辱或只是刺激思考的機會，唯有自己才能決定是否要保持心情愉快輕鬆。

無論面臨怎麼樣的困難挑戰，世界上沒有人能夠強迫你失去自我或氣得七竅生煙。想要成為自身情緒的主宰，就至少要學會：

1. 認識造成自己情緒紛擾的事物，
2. 然後努力排解掉這些使自己不愉快的事物。

庫瑪的練習：認識心靈過敏原

過敏原指的是造成過敏患者過敏反應的物質，好比花粉、塵蟎或花生等，同樣的東西在其他人身上可能不會引發絲毫過敏反應。同理也可應用於心靈上的過敏，我們可能會對於某些特定的情形或人物，在思考或情緒上產生極度的誇張反應。

下方的問題有助於各位了解造成自己心情不佳的主因。哪些事物總讓你怒氣沖天？什麼情況老使得自己滿肚子火？哪些時候你會變得歇斯底里？想要變得從容自得，最重要的入門功課就在於發掘自己心靈過敏地帶。請盡可能仔細試想，面臨前述困擾狀況時自己的反應為何，並誠實作答：

1. 從容自在
2. 不太在意
3. 些許不悅
4. 馬上產生心靈過敏而大發雷霆

答案若是3或4便應該深入檢視，日後面臨類似的狀況必須更仔細地自我觀察，找出造成「過敏」的真正原因。

以下幾個例子說明了可能的心靈過敏原和問題的根源：

• 跑郵局的時候因為人多到大排長龍，只好慢慢等待。（困擾：

缺乏耐心）

- 躺在床上準備入睡，外面卻傳來警車鳴笛聲或鄰居大聲甩關車門的聲音。（困擾：對噪音敏感）
- 早餐時間和另一半就生活瑣事大吵。（困擾：缺乏和諧）
- 因為同事重感冒請假，使得自己忙於自身工作之餘還得處理同事的業務。（困擾：工作量過大）
- 來不及在時間內報稅。（困擾：責任義務）
- 孩子回家時帶了張糟糕透頂的成績單。（困擾：成就的期盼、對未來的擔憂）
- 在牙醫診所等候，下一個就輪到自己了。（困擾：恐懼）
- 另一半和異性老同學見面，而且毫不遮掩地和對方調情。（困

擾：吃醋）

• 鄰居表示即將要搬家，因為他們終於實現夢想，擁有了位於高級社區的獨棟透天厝。（問題：嫉妒）

人往往堅信是外界的種種使得自己無法從容自在。但是真正的根源不在於外，而是出於自身：無論是缺乏耐心、嫉妒羨慕、追求表現或自以為是，都常使人難以放鬆。所以要重拾從容、再度自在，第一步就要先了解造成困擾的癥結。

究竟自己為什麼無法從容自在地應對呢？其中的可能性有百百種，可能是缺乏耐心、心生嫉妒或追求表現，也有可能是自以為是地堅信「事情在我眼中就是這樣，所以這絕對就是標準答案。沒啥好討論的！」這種心態使人對於任何異己的觀點都難以認同或包容。

從容自在之所以難以實踐，除了因為固執、緊張或壞脾氣外，現代人負荷過量也是一大主因。多數人常常讓自己在過多的事務間奔波操勞，無論是為了工作、家庭或其他人際義務，我們常無時無刻都忙得團團轉。

不過這種種忙碌背後的幕後黑手究竟是誰？導致一切緊張、嫉妒、憤怒、好鬥或急迫的根本源頭為何？

> **庫瑪悄悄話**：無所牽掛，內心自然明亮澄澈；牽腸掛肚，等於深陷黑暗迷霧。

東方哲學中的一大基礎思想在於：生活中的困難阻礙都來自牽掛。不過「牽掛」二字的意義為何呢？這個概念當然是「牽」和「掛」字面意義的延伸轉化，指的是各種「執著」或「渴求」。

如果希望自己的心靈沉靜，不再受外力羈絆，就必須擺脫牽掛，獲得自由。其實人不僅執著於美好的事物，對於不愉快的事物往往也「難分難捨」。所有對於特定事物的念頭、感受和預想，無論正面或負面，都是造成束縛的羈絆。

「正面的」羈絆可以泛指所有我們想要的事物，也許是一心渴求的夢想，又或許是憑空想像就產生正面感受，例如：

- 金錢、財富、物質
- 青春、美貌、活力
- 善待我們的人
- 身心舒適和各種愉快的經驗
- 個人形象和外表

- 性愛和飲食的享受

「負面的」牽掛可以泛指所有我們懼怕或想逃避的事物，因為光是念頭一產生，沮喪感就油然而生，例如：

- 死亡
- 疾病
- 年老
- 財務問題、貧窮或緊急事故
- 敵人或不喜歡的人
- 失去重要的事物或是必須與其分離
- 暴力、戰爭和環境破壞

就算是「正面的」牽掛，只要有所牽掛就難免其苦。深陷愛河的人可能感覺漫步在雲端，眼中只見心上人，但是卻可能因為心的淪陷而無法認真處理其他事務，畢竟愛使人盲目這句話可不是毫無道理的。這種怦然心跳的狀態其實轉瞬即逝，所以愛苗還在滋長時，其實等於已經替未來帶來些許陰霾。原因就在於人引頸渴求的事物未必有益於己：所謂飛蛾撲火，就是具有趨光性的蛾若是未朝溫暖的電燈飛去，反而飛向火焰，無疑在自尋傷害。

> **庫瑪悄悄話**：眼雖見到萬事萬物，卻不覺得必須擁有，便能尋得內心平靜。見證他人的成長卻不介入干涉，便能學會從容自在。放下百千俗事以贏得自己，便能增長智慧。

這裡的關鍵是「如何才能變得從容自在？」該如何克服嫉妒、憤怒、暴躁，不再欠缺耐心、固執己見呢？所有的答案都可以用兩個字總結——放下。最重要的就在放下自我。進一步而言，自我就是「那些會讓我們不自由的個人觀點」。

無論是餐點上得太慢、工作不順或一早醒來發現額頭上冒出一顆痘痘，其實最終都是因為自己對於生活「應有面貌」的固執預想，才造成了種種阻礙困難。

庫瑪悄悄話：真正的智慧是身居後方。無需站在舞台中央，反倒能成為自己內心的中心主宰。不渴求閃耀亮眼，卻展現出曖曖內涵光的亮度。

全然放下以贏得完完全全的自己，正是追求平靜和安然的最高境界。以下三個簡單的項目可說是步驟，也可說是方法，能幫助我們更順利達到此一境界：

1. 舒展放鬆：第一步就是舒展身體，放鬆緊繃的肌肉、柔軟僵硬的身軀。
2. 平靜沉澱：第二步的重點在於必要時暫休息，哪怕日常生活再紛擾忙碌，都應該適當紓緩心情。
3. 由「衷」放下：第三步在於放下心靈重擔，放下令人難以喘息的執念。

第一步：舒展放鬆

人的身體和心智並非分開的個體，而是相互連結的共同體。心靈上的自在必定有助於身體放鬆；同理，有意識地一步步放鬆肢體，也能使得心靈趨於平靜。就實際經驗而言，由舒展肢體開始比較容易，因為放鬆肌肉往往比排解內心阻礙容易。

某天中午，庫瑪在布滿岩石的山腳下準備散步，眼前出現了全身僵硬的驢子辛度，站在岩石上嘟囔著：「唉呀，庫瑪大師，今天我一早就出發，準備登上這仙悅之山，但是現在竟還站在出發點原地踏步。看來我不得不服老了啊，這四條腿死硬著，背痛得要命，想跑一步都難。也可能是因為這條路那麼陡峭，光是起個步都好費力啊。」庫瑪回答：「這點絕對有影響。但是或許也是因為你還沒聽聞過『放鬆肢體』的學問，也就是只要能夠排解身體的僵硬，便會柔軟又有彈性，就像某個背上扛著個龜殼的動物一樣。」

一個人是從容自在，還是備感壓力，其實全寫在臉上。舒展放鬆時就會如同熟睡中的孩子、打坐冥想的和尚或打著盹兒的貓，自然散發著平靜和安詳。反之，緊張、焦慮或怒氣沖沖也會對面容產生負面影響，因為內心緊繃的人往往會雙肩僵硬、皺著眉頭又齒脣緊閉。

其實只要多一絲注意便有助於消除緊繃焦慮，因為人有時候根本沒有意識到自己的負面情緒，但是面容、雙肩和頸部其實會誠實反映出內心狀態。因此，紓解壓力的建議作法是先深深吸氣、緩緩提高雙肩，同時咬緊牙根，短暫維持這樣緊繃感之後再用嘴大口吐氣、垂下雙肩並放鬆下巴和雙顎。如此來回重複片刻，然後觀察自己的改變……

放鬆和緊繃的反應完全相反，試著放下和舒展的同時，等於透過身心相互作用產生舒暢感。簡單而言，緊繃的肌肉就像是「羈絆著身體的牽掛」，造成的瘀塞會阻礙體內能量流動，身體若是緊繃僵硬自然欠缺活力，容易疲憊。頸部、雙肩或背部的疼痛其實都只是癥兆，旨在提醒主人：體內的能量無法循環流暢。

舒展放鬆的功夫需要練習，也絕對值得投注心力去練習。訓練得當便能產生以下的成效：

- 紓緩肌肉僵硬
- 降低血壓
- 加強抵抗力
- 消除疼痛
- 幫助細胞吸收更多氧氣
- 改善睡眠品質
- 排解焦慮和憂鬱

徹底放鬆肌肉有助於修復身心的失衡。心理壓力、肌肉緊繃和姿勢不正會引發惡性循環，對症下藥的舒展方式格外有助於打破惡性循環。

庫瑪的練習：一步步帶著你舒展放鬆

只要勤加練習，更柔軟彈性的身體、更多的能量活力都不再是夢想。漸進的肌肉放鬆對於舒展別具成效，能有系統的循序漸進放鬆全身上下的肌肉。要如何準備呢？只需要平靜的心、一十分鐘的時間、舒服溫暖的穿著和軟墊一塊。

一開始先將肌肉依序繃緊後放鬆，然後重複進行。每一次繃緊肌肉七秒鐘，這時候切勿憋氣，而是自然深呼吸。緊繃結束之後，則在剎那間完全放鬆該部位的肌肉。如此肌肉便能得到超出平時的舒展，而體內的緊繃和壓力也得以排解。

接著請仰臥，闔上雙眼，雙臂輕鬆擱在身體兩側，兩腿微開。

按照以下排序先後用力繃緊肌肉，每一回也是七秒鐘，然後至少放鬆三十秒，如此每個部位進行兩回合再進行下一個肌群。

1. 雙腳和小腿
2. 大腿
3. 臀部
4. 腹部
5. 背部和雙肩
6. 雙臂和手部
7. 面部

最後再同時繃緊全身，雙腿、臀部、手臂、肩膀和面部等從頭到腳的肌肉。盡可能繃緊七秒（記得自然呼吸！），之後於吐氣的同時放鬆肌肉。結束後別忘了替自己預留片刻時間，好好享受舒展放鬆的身心狀態。

第二步：平靜沉澱

邁向從容自在的第二步在於透過不時的休息使內心趨於平靜。只要內心保持平靜，奔波忙碌未必是壞事，有些人日理萬機，並未賠上自己的健康。不過對於還未掌握從容自在生活要領的人來說（應該大多數人都是如此），必須謹記「少勝於多」的原則！

放下庸庸碌碌吧，別再像離不開跑輪的鼠輩，想想自己手邊是否總有難以放下或不懂得見好就收的事情。緊張操煩的心本就不易平靜，倘若加上力求表現的壓力和相互衝突的想法，恐怕只是雪上加霜。比較、競爭只會引發永無止盡的惡性循環，畢竟茫茫人海之中必定會有某人在某方面勝過自己。

庫瑪悄悄話：太多的念頭會使心靈難以承受而虛脫；太過忙碌奔波會使身體無法負荷而垮下。認真愛護自己的身心，無論是心念或言行，都要留意自己身心的極限。唯有不放任心思肆意渴求，心靈方能平靜；唯有不讓身體受盡繁忙庸碌之苦，方能由內而外平心靜氣。這，就是保有活力能量的不二法門。

如果從早到晚忙碌不停，得時時確保自己的三頭六臂都運作無誤，好順利完成所有大小事，注意力很可能一直維持於外在，自然不能達到回歸自我。外面雖然忙碌，我們卻可以隨時隨地將心扉進一步向內開啟。之前分享過如何舒展肢體，讓心靈沉澱休息也有助於練習放下。其實就算身處日常生活的波濤當中，我們也能夠片刻棲身於小島般的沉靜心靈，而且無需費力划船前往，只要短短幾分鐘，下定決心享受片刻心靈的寧靜便足夠。以下舉例一些作法：

- 小小散步一會兒
- 泡個熱水澡
- 躺在沙發上聽個音樂
- 冥想或做幾個瑜伽動作、吸吐氣幾回
- 每做一件事情都提醒自己要心平氣和，切勿投入到心力交瘁當然，你也可以乾脆三不五時就試試看啥也不做⋯⋯

庫瑪的練習：啥也不做

早在約三百五十年前，哲學家帕斯卡（Blaise Pascal）就曾針對人類的躁動不安說過：「我發現，人所有的不快樂其實都源自同一個問題，就是無法平靜安然地待在房間裡。」要真的什麼都不做也的確不容易，因為一般人就連「休息」的時候也都在進行活動，可能是讀讀報紙、到走廊上和同事聊個天或是泡杯咖啡喝。

真正的休息就像一門藝術，箇中高手能夠在短短五分鐘的時間內便能完全放鬆身心。下方的練習重點在於：停下所有活動！先是關閉手機和其他干擾來源、閉上雙眼、盡可能靜止不動，同時和緩地吸吐氣，接著：

- 不言語
- 不閱讀
- 不聽音樂
- 不沉思
- 純粹放鬆，可能的話不僅停止言行活動，也讓心靈趨於寧靜

觀察看看這種「無所事事」會帶來何種感受，對於身體、思想和感覺又發揮了什麼作用……

其實呼吸吐納就像一座橋樑，可以引領我們邁向從容自在的平靜境界，早在數個世紀前就成為瑜伽的重點，有助於發展出更愉悅平和的心境脾性。呼吸不順暢絕對難以放鬆；反之，深層緩慢又均勻規律的呼吸則有助於平心靜氣。

驢子辛度到芒果樹林造訪庫瑪時太陽已近西沉。他和心目中的大師請安後，便蹲了下來說道：「我終於擺脫了一身僵硬。今天一早我吃了些稻草，四肢伸展拉筋，然後就踏上陡峭山路，挑戰仙悅之山的最高峰。說也奇怪，我的步伐變得格外輕盈，這四條老驢腿也變得柔軟靈活。不料，這次歡樂的踏青出遊，後來到了山上就變了樣。我本來在山頭的綠地上休息，結果竟然飛來一隻大黃蜂狠狠叮了我。我一肚子火追打黃蜂，追了好一段路到了山谷，當然還是沒能逮住牠，結果搞得自己筋疲力竭，上氣不接下氣到好一會兒才調整好呼吸、回復平靜。」庫瑪搖了搖頭表示：「要呼吸能及時趨於平穩，就得記得先平心才能靜氣。」辛度不禁說道：「大師啊，您說得如此輕而易舉，但是我究竟該怎麼實踐？」庫瑪刻意先嘆了長長一口氣，回道：「深深吐氣就是秘訣。」

人的呼吸吐納往往會向外界洩漏了內在狀態。不停趕著赴約時的呼吸絕對不同於享受性愛快感的呼吸，運動時的呼吸必定異於躺在吊床上的呼吸，深陷愛河和受憂鬱症之苦也想當然會對呼吸有不同影響。種種差異之中卻有個共同準則：呼吸吐納和每個當下的生命狀態緊緊相連。

正如瑜伽所強調，深層完全的呼吸是進一步放鬆自在的關鍵基礎。人可以透過深層呼吸得到更多氧氣，替自己注入新的能量。若想釋然放下，隨時回歸內在，最簡單有效的作法便是有意識地拉長呼吸，而延長吐氣格外重要，這種功夫在身處艱難困境時格外受用。

庫瑪的練習：深層呼吸

深層吸氣：進行這項練習時（一般日常生活中也應該盡量如此）請運用鼻子呼吸，而且越安靜越好。深層呼吸的重點在於盡可能讓腹腔、肋骨到胸腔部位能夠順利流暢，使得通過這三個部位的氣息能夠化為一股巨大的波濤動力。

- 首先請仰臥。
- 將右手掌心置於腹部，左手置於胸前，先深深吐氣。
- 接著非常緩慢地將空氣依序吸入以下的部位：一開始是腹部（肚皮因此微微鼓起），接著朝肋骨方向吸入（肋骨自然會稍微外闊），最後吸入胸腔（運用左手感受胸膛的變化）。

- 最後深深吐氣，每天至少如此連續重複五回深呼吸。

深層吐氣：深層吐氣有助於放下重擔或壓力、恐懼。由於深層吐氣能使人情緒安穩，所以重點在於吐氣的時間要長過吸氣。

- 以鼻子運用四秒鐘正常吸氣。
- 以鼻子運用八秒鐘將氣吐出，排出的氣息應該如徐徐微風般溫和無聲。
- 至少重複五回。
- 吐氣的時間應該約為吸氣時間的兩倍。

嘆氣、呻吟、打哈欠也有助於紓解壓力和放鬆心情，所以這種自然行為不僅不應該壓抑，反而可以在私底下誇大進行，或找個無人的小房間多長嘆幾次，其放鬆效果往往會令人感到驚喜。

嗯式呼吸法：在此提供讀者另一個深層呼吸、減緩緊繃的簡單妙招：用鼻子深深吸氣後，慢慢將氣從鼻子吐出的同時發出「嗯」的聲音，呼吸時嘴巴保持緊閉，如果雙唇可以感覺到振動就代表進行正確。這個練習不僅能消除緊張，甚至能減緩疼痛。

睡覺是烏龜數一數二熱愛的活動，追求平靜自然可以試著從這個容易上手的面向切入。人在睡眠中和冥想時感知都會暫時退去，不過相較於冥想需要經常練習，睡眠可真是簡單多了。

人人需要的睡眠時間不同，傳說拿坡崙每天只需要睡五小時，有些人則需要長達十小時的睡眠，生活才能如常運作（據說愛因斯坦就是這樣）。無論需求是長是短，睡眠不足的人很快就會身心俱疲，難以專心，反應遲鈍。我們需要睡眠進行充電，不僅細胞和器官能透過順眠進行修復，自我療癒的能力也會因此啟動，我們也會在睡夢中進一步處理白天所經歷體驗的一切。正因如此，睡得深層香甜其實正是讓身心趨於平靜的不二法門。

烏龜會在夜晚將全身縮入龜殼或在躲進沙堆洞中，人當然無法為求一夜好眠而如法炮製。不過我們可以借助下述簡單易行的原則提昇睡眠品質，加強身心修復：

- 讓一天輕鬆愉快地邁向尾聲。
- 用心營造良好的入睡氛圍：將臥室的凌亂稍作整理，維持良好的通風，床墊的品質也不得輕忽。
- 吃得過飽或過油膩、飲用酒精、咖啡或抽菸都會干擾睡眠。
- 看電視、聽音樂、上網會使得我們的意識滿是資訊，可能使人難以入睡或無法一覺到天明。
- 午夜前的睡眠對於身心修復最有助益，所以應該盡可能早些就寢。
- 簡短記錄當日經歷有助於替一天劃下句點，進而幫助入睡。

庫瑪的練習：三不五時午睡小憩

烏龜非常愛睡覺，晚上睡，白天也睡。正因如此烏龜總是老神在在，而且還健康長壽，因為睡眠能夠提供最深層的修復。平常如果有機會，建議各位應該三不五時就小睡一會兒，例如飯後小睡或趁休假時睡個午覺，午間小憩有助於放鬆身心，讓人再度活力滿滿。就算只是稍微閉目養神，也能幫助人暫時擺脫平日的繁忙瑣事。在此分享幾項重要的午睡原則：

- 午間小睡未必需要床鋪。一張沙發、汽車椅背調下或是坐著打

個盹都可以，只要夠隱密寧靜的空間就適合。

- 衣物不應該過於緊身拘束，在家午睡盡可能以舒適為原則，不過可別穿上睡衣，免得不小心就進入了「深層睡眠」。
- 理想的睡眠長度約為十五至二十分鐘，睡得過長可能反而難重拾動力，修復效果也會打折扣。
- 闔上雙眼，放鬆身心，試著完全進入關機狀態。無法入睡也不要緊，稍微打盹小憩或在白日夢中逍遙片刻也能發揮作用。
- 別忘了設鬧鐘，否則不小心睡過頭反而可能錯失良機，少了機會在清醒積極的作息中訓練自己的從容自在。

第三步：由「衷」放下

第三步的重點在於擺脫心靈重擔。到目前為止所說的這三個步驟不能單獨運作，身體如果能舒展放鬆（第一步）並時常透過休息進行修復（第二步），自然有助於由衷紓解內在壓力。相對地，如果能夠放下思想和感覺上的重擔，也能減少神經和肌肉的緊繃。

> **庫瑪悄悄話**：處心積慮想改變、征服世界，只會因為永無止盡而無法成功。世界自有其運作，介入干涉只會引起破壞，緊抓不捨只能面臨失去。

其實人人都試著以某種方式「改變」世界，當然這裡談的不是積極參與政治或是想透過選舉成為國家政要，而是指每個人在自身的小小世界裡，多少都希望能有主控權。要不要換工作、買新房、打掃環境？要不要堅持伴侶一定要把牙膏好好捲乾淨？我們都有不同願望和追隨的目標。某些時候或許積極行動、剷除障礙的確是最佳作法，不過有些情境下唯一的解決之道卻是索性任其發展。

就算「握有生活主控權」這樣的願望聽起來天經地義，卻也不切實際。世界不可能任我們左右，就連手握大權的統治者都得隨著歷史洪流來來去去，無法完全稱心如意濫用暴力扭轉世界。值得慶幸的是，還好世界並未在這些濫權者呼風喚雨之後，朝著一敗塗地的方向傾倒。

除了世界的發展自有其走向，其實我們對於像車子是否會出毛病這樣的小事，也無法影響。既然人的影響力如此有限，為何不釋然放下呢？

庫瑪悄悄話：在對的時機放下，勝過運轉過度。懂得退一步回歸自我，才是實踐宇宙的智慧。

我們當然應該善盡自身的責任義務，但卻大可不必為此身心過度負荷。辦妥了一件事就應該將重心移向下一個挑戰；完成了某個步驟，就應當完全擱下以聚焦於下一個環節。如此循序邁進才能夠一步步放下，不再背負著過多期待向前。

只要稍加練習放下的藝術，便能在步伐沈重到不堪負荷前化解許多問題。學會在對的時機放下的確需要細細體悟，無論如何，決然放手相較於緊抓不捨都是較為聰明的選擇。

談到放手，有時候面對自己的一堆舊書、不再穿著的舊衣物或不再需要的物品，在一場斷捨離之後一股自由暢然便油然而生。擺脫內心重擔所帶來的輕盈愉快，更強過物質捨棄的快樂，因為每放下一個重擔沙包，你的人生熱氣球就更能迎空高飛。

人往往背負著隱形的沙包，這些重擔阻礙了思緒、感受和對未來的預想。就算這些沙包造成的是無形重擔，我們卻心知肚明，而且常常因此「被迫」產生同樣的思考或言行模式。換句話說，我們的種種惡行常使自己僵固不變，這樣的心靈重擔有：

- 依賴酒精、香菸、毒品、鎮定劑或興奮劑等藥品。
- 沉迷於性癖好或幻想。
- 飲食上的過度偏好，例如無時無刻想吃甜食、進食過少或過度。無論是過重或飢瘦，造成飲食失衡的罪魁禍首都是心靈失衡。

- 購物或工作狂熱、嗜賭成性、沉迷於電視或網路。
- 負面的思考模式和性格上的弱點，例如善妒、吝嗇、仇恨、貪婪、爭權、金錢至上、野心過大、報復心強或易怒。
- 習慣批判譴責他人（或自己）。
- 完美主義、追求虛華、只求績效或衝突好鬥。

某天庫瑪在石堆山丘上散步時，驢子辛度加入了她的行列，一發不語地並肩同行。過了好一會兒，辛度終於開口：「敬愛的庫瑪大師，雖然現在我的身體不再僵硬，呼吸也掌控得很不錯了，但是今天卻老是諸事不順。」辛度見庫瑪未回覆，便接著說：「早上醒來，我一見這萬里晴空的好天氣，就喚醒了小女兒雅拉。我本來只是想要說服她和我去草地散散步，但這隻固執的小驢子就是堅持不肯，一動都不動。我看她連一句話都聽不進去，最後忍不住大吼，結果她也生氣了，搞得全家烏煙瘴氣的。」庫瑪佇立一旁，凝視了辛度許久後說：「親愛的辛度，舒展身軀的功夫或是呼吸吐納得當，並無法保證萬事順心。如果你希望家中氣氛回復和樂，那就應該給她一大片綠地。」辛度回道：「這什麼意思？我本來就是想要和她去草地上走走啊。」庫瑪回覆：「強迫硬拉的不是自由的綠地，面對我們深愛的人，懂得放手才是提供真正的空間。」辛度一臉困惑反問：「要我將叮人的大黃蜂拋諸腦後，這我還可以同意。但是我怎麼可能捨棄自己的獨生女？」就此庫瑪解釋道：「所愛的人若是需要保護和安全感，我們理當應該盡量提供。但是如果他們需要的是自由和空間，你也應該尊重同意。真正的寬敞綠地應該是要以愛相伴，卻不干涉對方的發展。」聽了庫瑪這番說明後，辛度帶著深思邁開了步伐。

希望對他人產生影響其實也會構成內心負擔，如果是伴侶、兒女或好友等親近的人，造成的後果往往更是不堪設想。

每個人都有自己追尋的目標，哪怕路途有時未必清楚易行，其實你我內心也明白怎麼走最適合自己。坦然接受對方的選擇，哪怕明知得看著他繞路而行，也放手任其發展。雙方都會因此免去不愉快的羈絆壓力。

學會放下才可能以最少的包袱登頂。如果在合理的情況下無法卸下種種羈絆牽掛，至少應該盡量設法減少負荷，這邊甩幾項雜物，那邊丟幾個東西，其實也是逐漸減輕行囊的另一種作法。例如：對於孩子或鄰居少掛心一點、盡量克制自己的妒意、偶爾晚上不開電視、少吃一塊巧克力蛋糕……實踐放下哲學的各種機會其實隨處可見。

庫瑪的練習：平靜內心，學習放下

接下來的練習能幫助你看清自己緊抓不捨的事物是什麼，進而學習放下。練習包括兩部分：一、平靜內心，自我觀察。二、打破思考或感受的負面模式：

平靜內心，勇於喊「停」：人的思考和感受是流動的，如果面臨重大問題或是陷入焦慮苦思，這種現象特別棘手。無論是嫉妒醋意、怨懟怒氣、執著渴求，又或是衝突對抗、懼怕焦慮、自卑情結，只要這些感受像在旋轉木馬上來回旋轉的不速之客，霸佔了你的思維，那就應該要在內心大聲喊「停」！

負面的念頭和感受若是構成了惡性循環，大聲喊停便是打斷惡習的簡單方法，而且千萬別在這些「奧客」還沒離去前就停下來。剛開始練習時也許必須常常喊「停」，不過練得成熟之後惡性循環自然會消失。

刻意練習，學會放下：遏止心靈重擔加深之後的下個步驟就是一一命名，例如「XX癮」、「缺乏安全感」、「金錢至上」、「擔心生病」等各種問題。察覺到自己陷入某種執念時，先是在內心大聲喊「停」，接著展開練習的第二步驟：以舒服的姿勢坐正後闔上雙眼，想像自己的右手正象徵性地握著內心緊緊不放的執念。例如將「怨懟憤怒」緊握在右手拳頭，用力繃緊肌肉，甚至可以假裝自己奮力抽搐地緊咬牙關，深皺著面容，雙肩用力拱起。

然後深吸一口氣之後，深深吐氣時心想：「現在我放下……（例如「怨懟憤怒」！）同時打開拳頭、甩一甩手，肩頸和臉部驟然放鬆。如此重複兩三次，將希望能擺脫的特質緊握拳中，握緊拳頭後緊繃肌肉，然後吐氣、放鬆並完全放下。

庫瑪悄悄話：尋求平靜就必須回歸真實自我。

以上的章節談到，無論是正面或負面的牽掛，基本上都會對於從容自在的心境構成影響。人之所以可能失去內在活力，主要出於二項阻礙：因為日常小事焦急慌忙或陷入虛榮、衝突好鬥和只求表現、過度忙碌奔波。以上現象的最佳解藥：舒展放鬆、平靜沉澱，由衷放下。而呼吸吐納正是開啟這不二法門的金鑰。

順流向前才能夠面對艱難也從容自在，執意逆流而行絕對無法真正放下。不過，判斷何時應該順勢放手並不容易，但其實情勢的判斷不應該取決於我們的喜惡。人會因為陽光普照而心情愉快，陰雨綿綿時也會感到低落悵然。為什麼天氣會有這般影響？為什麼要將心情起伏牽繫於常失誤的氣象預報？

陽光普照就陽光普照，刮風下雨就刮風下雨，實在無需因此而影響心情。問題是人只要有看不順眼的事物很自然會心生抗拒，想盡可能反抗，這種習慣可說是根深蒂固，順流而行的生活哲理也因此難以實踐。然而我們應該要學著接納：儘管乍看之下引人疑慮，但也許一切終會船到橋頭自然直。

庫瑪悄悄話：對於人生抱以堅信，人生自然會以誠相對。在人生的川流中如果執意在平水流方向想逆流而行，絕對無法成功暢游；將自己全然託付於川流走向，內心便會化為一股寧靜的力量。

我們自小就學到要奮力打拼，這樣才能夠成為人生的主宰。但是其實百分之百的掌控權是不存在的，人連自己何時生、何時死都無法控制，對於外界或他人的發展影響更是薄弱！

要建立對於生命流向的信任，可以從「退一步」開始。儘管冥想時內心還無法後退一步也無妨，因為冥想的哲理心境本就有助於調整心態退居後方，放手任事情自然發展。

別時時想著一定要手握韁繩，不妨寬心任由馬兒自由奔跑——這是一個知易行難的道理。儘管如此，我們還是可以藉由生活中的許多小事加強這種心態作法。以旅遊為例：一般人首次造訪陌生的異國城市，多會主動積極地在老城區走走，到所謂的必訪觀光景點遊覽，也會研究市區地圖。不過這卻只是探索新地方的一種可能性，你也可以在路邊的咖啡館坐坐，安安靜靜地品嚐手中的卡布奇諾，單純透過觀察去「感受」這座城市：居住此地的人多為何種族群類型？城市氛圍如何？觀察到了哪些事物？又例如，那一排房子後方的教堂高塔給人何種感受？耳中傳來哪些聲音？鄰座的人口說當地語言，聽起來是什麼感覺？

要以冥想的心境觀察這世界，首先必須先改變觀點。我們不必永遠站在舞台上扮演主角，偶爾也可以輕鬆自然地當觀眾；誰說非得深陷其中？有時候選擇不主控一切，反而能享受距離感和自由。慢慢地，我們都能學會退後、放下，然後放手，讓懷中的世界自然發展。這種釋然的能力在人面臨關鍵時刻或棘手危機時就會發揮驚人作用。在此之前則必須透過練習放手，重新建立信任。

儘管傾盆大雨不斷，庫瑪仍朝綠地爬去，途中經過了驢廄，驢子辛度躺在浸滿雨水的濕稻草上哀苦哭泣。庫瑪問道：「你怎麼在哭呢？」「因為我的寶貝女兒雅拉。今天早上我要叫她起床時，到處找不著她，我看她恐怕是被惡狼吞下肚了，不然就是迷路或是掉到無法逃脫的深谷裡了。」庫瑪沉默了片刻回道：「辛度，你的想像力真令人佩服。不過這時候沉著的心智會更令人敬佩。」辛度氣憤地說：「我說大師啊，我的女兒突然不見蹤影，難道不該擔心嗎？」庫瑪表示：「擔心對你有什麼用？對雅拉又有什麼幫助？假設野狼真的把她吃了，你能扭轉事實嗎？如果她沒有成為野狼的大餐，你不就白操心了？」辛度沉思了好一會兒後終於又開口：「那我該怎麼做好？」庫瑪回答：「你先整理一下心情，讓頭腦鎮靜下來，調整呼吸好平復一下。這些擔憂應該就像燒稻草一樣，產生了短暫的火焰後就迅速停止：沒有讓火勢無盡蔓延的必要。」辛度聽了庫瑪的這番話之後鬆了一口氣似地凝視著這位大師。

第二天早晨，庫瑪遇見了辛度和女兒雅拉。庫瑪笑著說：「看來大野狼把你的小寶貝吐出來了……」辛度回答：「哎呀，沒有，不是啦。」原來雅拉早就在日出前整裝出發，踏上了陡峭的仙悅之山，獨自一人成功登頂。「她說她要證明給我看自己做的到。」庫瑪凝視著這對驢子父女許久，開心滿足地笑了。

其實面對艱難時刻，人最應該具備的關鍵特質就是耐心，有些無法改變的狀況既然憂心苦思也毫無助益，等待有時就是最佳的方案。颶風不可能颳個整天，就連天地也並非永恆不變，人無法對生死掌控自如，再怎麼緊抓不放往往也無濟於事。

耐心等待和從容自在不僅有益於己，也有助於他人挺過逆境。「靜候等待」的概念可以用在很多地方，無論等的是夢想中的伴侶、某通重要的電話或只是一部計程車，我們都將念頭放在未來：靜候某些事物的改變或是等待某事發生。

我們如果沉著地做自己，對於生活的種種耐心等待或從容自在，才能守護自己的心智運作，排解擔憂焦慮的念頭。其實除了主動「等待」，我們也可以就只聚焦「當下」，把視線放在此時此刻，而不是放在未來的某個時間點！所有的經歷體驗最終都可能成為一帖良藥或向前走的基石，就算是負面的經驗也不例外。整個世界都能讓我們取材為藥，而從容自在正是幫助我們辨識良藥的最佳工具。

庫瑪深信從容自在的力量

從容自在地尋求內心的平靜，就算風雨來襲也無需擔憂。

人會改變，天地也並非永恆，但是一顆心若是不受羈絆便能維持平靜快樂。

永恆川流的一切——一切的事物都自有其流動方向，這一切必然的改變正是永恆的不變。

庫瑪的秘密

從容自在。對事物不要過度在乎，尤其不要給自己太大的壓力！

二、緩緩慢活：自在運用大把時間的秘密

第二次賽跑

兔子夏沙卡因為那麼蠢的原因跑輸了老烏龜，尷尬丟臉了好一陣子，不過最後他還是克服了心理障礙，要求和庫瑪再決高下，還將這第二回的賽跑距離拉長了。庫瑪依舊回答：「好，明天日出時刻見。」

夏沙卡雖然仍像第一回比賽時興奮雀躍，卻也提醒自己這次絕對不能再睡過頭！他在下午就入睡，還央請兩位朋友將他早些喚醒。第二天清晨太陽都還沒蹤影，夏沙卡就到了講定的地點，見到庫瑪時還稍些戲弄地鞠了個躬，說道：「烏龜大師，您該不會真以為我這次又會睡過頭吧？」庫瑪看了看天際表示：「看來等一下會刮風下雨，將比賽順延可能比較好。」夏沙卡一副又好氣又好笑地說：「你該不會以為這樣就可以逃避失敗吧！難道這就是所謂烏龜的智慧嗎？你只要不比就等於宣告失敗，我也就終止這場競賽。」庫瑪嘆了口氣說：「那好吧，不過慢慢跑啊！」「哈，慢慢跑，想得美！」夏沙卡一邊大笑一隻腳早踏出了步伐，儘管強大的雨勢模糊了視線，他一心只想著贏得比賽，對於其他毫不留意。原本的滂沱大雨成了雷電交加的暴風雨，四處冷不防就出現幾道閃電和震耳欲聾的雷聲，夏沙卡還被冰雹擊得鼻青臉種，最後被一陣強風吹撞在岩石上，眼冒金星，但他顫抖著雙腿站了起來繼續向前。後來風雨逐漸減緩，天空也撥雲見日，重見日光的夏沙卡發現自己竟然弄錯了方向，自己距離終點甚至比起始點還遠，他拔腿就拼了命往終點跑去，而庫瑪卻早就在終點等著了。

庫瑪就這麼一步步慢而穩地朝目標邁進，克服了天氣變化的挑戰，贏得了第二次賽跑。

讀到這裡的你，也許正像許多還有閱讀習慣的人，一方面很希望能多讀書，可

偏偏又有「要務待處理」，實在擠不出時間。對於本章的主題可能各位雖也深有同感，但又感到本章「緩緩慢活」的主題對你的幫助不大，因為接下來幾頁你恐怕還是會匆匆翻過，畢竟還得……對啊，究竟還得做什麼呢？要趕快把家裡打掃乾淨、買個菜、衝到學校接孩子，然後趕快把比薩送進微波爐裡加熱，所以閱讀也得像平常東趕西跑一樣，以最快速度運作進行。

現代人處在慌亂匆忙的年代，也難怪我們常常感覺時間總在轉眼間稍縱即逝。調查顯示，三分之二的德國人認為「匆忙」和「時間壓力」是身心緊繃的罪魁禍首。人若是總在追東趕西，背疼和頭痛的機率會大幅增高，雙肩也可能僵硬，頸部緊繃。放鬆自在的人較不容易有這些痠痛問題（恐怕這種人瀕臨絕種了）。

放慢步調處理大小事，等於和主流背道而行，因為現在一切都講求速率，網路連線要快，線上購物要快，高速公路要快……

歐寶汽車於一九六五年推出家庭房車Kadett車款，馬力只有四十，車子從靜止加速到時速一百公里要花二十六秒鐘（而且最高時速大概也不過如此）；新進推出的Astra系列運動型車款僅需要短短七秒鐘便能達到時速一百公里，最高時速甚至可達到二百四十公里。

鐵路發展的速度更是驚人。一八二九年時，五輛蒸汽火車在利物浦和曼徹斯特之間的鐵路上進行競賽，當時勝出的「火箭號」每小時四十八公里的速度，現在看來可說是「高速」到讓人笑掉大牙。現在歐洲高速鐵路的最高時速可達三百五十公里，足足比英格蘭的老祖宗快了七倍之多。

庫瑪正要躺下來睡午覺，田鼠比吉氣喘呼呼跑了過來。庫瑪問道：「怎麼上氣不接下氣的？發生了什麼事嗎？」比吉馬上回答：「沒事沒事，只不過這麼跑了一輩子，常跑到喘不過氣。我一直東跑西趕，卻感覺沒有達到目標，也沒有可以休息的一天，總得不停繼續向前。儘管事情有點進展，但我老是覺得自己在和時間賽跑。」庫瑪同情地凝望著比吉，過了一會兒開口說：「親愛的比吉，回頭看看，根本沒有人在追你，所以沒有必要拔腿就跑。和時間賽跑毫無意義，因為時間是和我們並肩同行的夥伴，並非競爭對手，值得擁抱珍惜，而非逃避遠離。」

如果和朋友說自己感覺有多焦慮急迫，對方大概頂多聳聳肩回應，因為這種東追西趕的心情在現代社會早已再正常不過，似乎也不特別值得一提。多數人每日從一早就開始奔波，在香甜的睡夢中猛然被鬧鐘拉回現實，無論是盥洗、用早餐、通勤、講電話或是重要的赴約和趕期限，好似身後有個無情的時鐘在滴答作響，就像在鞭斥奴隸的管家，完全不問我們的感受就逕自採用這種高壓手法。

現今的生活型態較一百年前確實省力、方便許多，但是我們真的因此掌握了更多時間嗎？電子郵件、洗碗機、電動牙刷或噴射機等等省時的發明又真的賦予了我們更多「生活時間」嗎？

十八、十九世紀與詩人歌德同時代的人，若是要到義大利一趟，得在不舒適的馬車中顛簸個四天；現代人卻能在短短幾個小時便抵達目的地，也許早上還在漢堡的機場吃著魚排三明治，下午就能在羅馬繁忙的科爾索大道上品嚐卡布奇諾。然而就算掌握了這般便利，真的就有所助益嗎？有些人從來就未曾坐下來享受當下，總是為了赴某個重要的約而「咖啡外帶」，卻在連走帶跑的步伐中將咖啡灑了一身。

社會學的研究顯示，現代人並沒有比老祖宗多出多少時間。儘管四十年前德國人的工時確實高出現今，當時的人卻多出了一小時「真正休閒」的時光可以運用。現代社會中人們的進食速度加快、睡眠品質變差、接觸新鮮空氣的時間減少，也失去享受生活的能力，有一半的德國人表示自己忙碌奔趕到快喘不過氣來了。

庫瑪悄悄話：光是快步向前益助並不大，還必須懷抱著值得努力的目標。僅僅活得長壽仍有不足，應該要有些點滴時光來深刻體會人生。

時間是相對的概念，有時候我們度秒如年，有時候幾週的時光似乎在彈指之間流逝，也有時候回首過去會使人覺得像一部早知道就略過不看的無趣電影。能客觀計算的時間其實代表的意義不大，真正重要的是如何為自己善用時間。大體來說，休閒活動是個理想的選擇。各位注意到了嗎？「休閒」和「悠閒」兩字都共有「閒」字呢。不過，你給了自己多少這種真正「閒」暇的時光呢？

庫瑪的練習：我為自己留了多少時間？

無論工作是自由輕鬆、高壓緊繃或兩者交織，多數人都以「工作時間」和「休閒時間」來劃分生活。你的狀況大概是如何呢？

現在請先閉上雙眼審思一下自己的時間：你真正為了自己做了什麼？為他人做了什麼？在各種會議、赴約上投注了多少時間，又投資了多少時間發展個人休閒？最近一次全心投人從事休閒活動是什麼時候，例如在森林漫步、閱讀或泡泡溫泉？

請回顧過去兩天，啟動你的內心之眼，問問自己究竟花了多少時間在以下的項目上：

- 和伴侶一同共度
- 和家人共處
- 發展才藝和鍛鍊能力
- 和珍視的好友共度
- 自在地感受自我、享受生活

有答案了嗎？還算平衡嗎？上述活動是否占了總時間的一半，還是三分之一？或只有短短幾個小時？還是因為手邊實在有非常重要的事物，根本騰不出多餘時間？

日常生活中的急迫匆忙究竟從何而來？我們都知道成天趕來趕去有多不愉快，既然如此奔波繁忙，卻仍擠不出多餘的休閒時間，那麼，真有必要這樣嗎？何不放慢步伐，多一份悠然自在呢？現代的生活節奏之所以如此，當然自有其因，不過正如雞生蛋、蛋生雞的問題，我們究竟是受害者或是緊踩油門不放的罪魁禍首？

很多人無法重拾慢活節奏，背後都有幾項內在因素：

一、害怕空虛：有些人就是得「做些什麼」，無論再索然無趣的小事也都會被用來短期內逃避空虛、逃避無聊或逃避無意義的感受。雖然多數人面對孤寂和無事可做都會不自在，但是透過這樣的情境認識自己，正有助於放慢生活節奏尋得寧靜。況且，人不可能永遠自我逃避，越早提起勇氣面對空虛感，也能越快發掘看似空虛之內所蘊藏的豐富踏實感。

追尋自我源頭的過程是從外向內逐漸加深的，正如在喜歡某項食物前，我們往往得先習慣其氣息味道。潛水也是類似的道理：剛開始的浮潛可以令人大開眼界，著迷於戴著呼吸管和面鏡探索水中世界，但是之後便不會僅滿足於浮潛，而會從進一步深入海中獲得更大的樂趣。

二、缺乏耐心：卻乏耐心當然是一種性格特質，有些人就是一味求快，碰到紅燈就抓狂，任何大小事都必須立即行動：車子非得今天送修，網路上訂的書籍最好明天就乖乖躺在信箱裡，食物應該像變魔術般立刻出現於餐桌……這種不滿足於平靜的性格在我們的文化中卻被視為充滿幹勁和領袖特質。但是這種方式是否真能收穫正向的果實，不會領導出一場敗戰，其實仍舊令人質疑。能確定的是，如果無法從容控制自己，恐怕只會日復一日地深受缺乏耐心之苦。

雖然缺乏耐心可視為性格的一部分，其實也就是一項特質，由思維、感覺和反應的習慣模式交織而成。但就像其他習慣一樣，也可以透過影響逐漸改變。如果缺乏耐性像種疾病，緩緩慢活就是最佳解藥！

三、擔心錯失：總希望自己能隨時隨地參與其中，極可能也使得生活的發條越上越緊。如果某人會因為無法參與某場研討會、出席某個派對或百貨公司的開幕，便擔心可能「錯失了什麼」，這意味著這個人的快樂是由外而來。若抱持著「一絲一毫也不願錯過」的心態，反而可能使人錯過最不應當錯失的珍寶——自己本身！

四、執著於「自我重要感」：庫瑪觀察比吉好一會兒了：這隻小老鼠在這片刻期間已經來回跑過庫瑪身邊五回。不過到了第六次，比吉卻不只是跑過，而是三步併兩步地直朝她跑來，一鼻子撞上了庫瑪的龜殼，呼咻地彈到空中後硬生生地一屁股著地。比吉尖叫著：「哎呀呀！抱歉，抱歉，我剛剛沒看到您。」庫瑪一派輕鬆地回說：「我想也是。你好像正忙得團團轉？」「真的好忙啊。我先得為接下來幾天覓食儲備，然後要替家人多挖三個新洞穴。之後得替蠍了拉丹去河邊取些水，因為先前答應他了。現在我得趕去貓頭鷹雲娜大師那兒和她下棋。」「看來你真是很重要呢。」庫瑪微笑著說。比吉抬頭挺胸、一臉驕傲地表示：「這也正是我一心所願。大師，能活得有意義、產生貢獻不是極其重要嗎？」庫瑪回道：「身兼重任也許是好事一件。不過對於真正重要的事物視而不見，反而可能讓人跌跌撞撞。再怎麼重要卻走不出自己的路，最終也只會失敗。雖然未必重要卻可能因此能在時間上掌握自如，並且留心自己的每個步伐，如此才能成為贏家。」

向自許的重要性揮手道別

這可需要勇氣，畢竟重要的人三天兩頭會面臨他人請求幫忙，從中得到認同感。行程滿檔的行事曆意味著自己很成功，所以有時候我們甚至不太樂見自己有更多空閒時間，反而希望越忙碌越好。這種心態可以說明為什麼有時候明明時間已經超載，我們竟然還願意硬擠入新的事項。

如果偶爾搖身成為「無用」的小人物卻仍然安心自在，就表示信心並不來自於成就表現和外在肯定，而是由內而生的怡然自得。有時候人生際遇會無情地奪去個人的重要感，例如失業、退休或孩子長大離家；有時候則是自己選擇放掉部分的價值感，例如結束了手上的任務、自願退出某個專案或結束一段關係。無論是哪種情況，我們都應該善用這種契機進一步展開自我感知，如此日子才能過得更輕鬆自在，遠離心臟病的可能。

庫瑪悄悄話：追趕的步伐會使得心跟著焦急。心一急便會打亂身體既有的平衡。與生俱來的平衡一旦被打破，心智也會因為混亂而引發無數的煩心痛苦。如果不具備適時抑制的功夫，便會嘗到這種苦頭。

以上的章節清楚指出了現代人生活的慌亂匆忙，一切都以爭取時間為目標，然而能掌握的時間反倒日益減少，對於真正重要的事物所能投入的時間更是少得可憐。導致這種現象的主因就在於害怕空虛和錯失、缺乏耐心，以及執著於自我重要感，而這一切都會使人和自我漸行漸遠。其實只要學著放慢生活節奏，便能拉近和內心的距離，找回由內而生的滿足。

匆匆忙忙會產生壓力，壓力則容易使人生病。先進國家中排名第一的死因是心血管疾病，若是不懂得在生活中適時踩煞車，只會對身心造成傷害，朝人生的盡頭加速邁去。相較於懂得享受的生活藝術家，那些壓力負荷過大的人士更容易受氣喘、過敏、消化不良和頭痛等折磨，而時間壓迫也會造成睡眠不良和緊張焦慮。

長期的壓力不僅造成神經負擔，免疫系統也容易陷入危險，血壓和受病毒感染的可能性同時上升，大幅增加了罹患心臟病或中風的機率。開會、赴約等外部因素固然會增加我們的壓力，其實個人在日常生活中「自找的」行為模式往往也會讓自己忙得天昏地暗。下述的例子可能讓人讀來心有戚戚焉：

珍妮本來想在下廚前去散散步，好好享受這舒服的和煦陽光。她走到玄關卻想到應該擦擦鞋子，打開保養工具箱發現裡面少了擦鞋布，馬上跑到地下室找條舊毛巾，剪成合適的大小。終於把鞋子擦得閃閃發亮之後，又想到應該趕快把髒兮兮的杯子放進洗碗機，這樣自己散步的同時洗碗機就可以運轉了，多有效率啊！把家中最後一塊清潔錠放進洗碗機中，她又匆匆取來購物清單，好寫下「買洗碗機清潔錠」……奇怪，怎麼又找不著筆了？噢，那個塞不進洗碗機的大鍋子乾脆用手洗吧，晚一點燒飯時還需要呢！而珍妮在家裡這麼東忙西忙的同時，太陽卻慢慢西沉於成片的樹林之中……

人在承受職場壓力的同時，若還無法善用僅有的休閒時間，早晚會不堪負荷。光是德國就有三百萬人深受超載過勞之苦，疲憊不堪。在身心失守潰堤前，往往有些前兆，例如意興闌珊、疲憊倦怠、心情低落、暴躁易怒或各種頭痛問題。

老鼠比吉跑來求救：「唉，庫瑪大師，您有沒有什麼治頭痛的偏方？我這兩耳之間像有人在拼命用力鑽洞，整整痛了兩天，但是我還有一大堆事情要辦啊！」庫瑪端詳著哀哀叫的比吉好一會兒，意味深長地說：「就是那一連串的待辦事項使你頭疼欲裂。雖然你腳踏著這柔軟的青苔，人就站在我面前，不過思緒早就飄到未來了，這樣頭腦怎麼可能放鬆？又如何思路清晰？我倒是可以替你對症下藥，其實極其簡單：全心專注於當下。」

庫瑪的練習：全心專注於當下，心無旁騖

分心和散漫是造成慌亂匆忙的常見主因，大腦無法清楚全面地消化排山倒海而來的各種刺激，所以必須時時刻刻模糊篩選掉一些資訊，只不過我們未必有所意識而已。各位讀到這裡，對於穿著哪雙襪子、地毯的顏色或書桌上擺放的書籍可能不會（即刻）有所意識，不過稍微想想答案就立即浮現。

儘管人無需對一切都同時清楚掌握，生活依然能安然運作，這也正是我們應該善加利用的能力——過濾掉不重要的感知訊息，從肢體動作到思緒念頭都只聚焦於單項重點，不再放任自己受種種外力牽引，努力守護自己的感知意識。

請各位選出三項今天某個時候得辦理的事情，例如

1. 回覆電子郵件　2. 餵狗
3. 曬衣服

以緩慢專心的方式進行這三項事務，不一邊聽音樂或看電視，也不心心念念著接下來要做的其他事，讓自己免於各種內在或外來的干擾，好比：

- 餵狗的時候，水龍頭滴滴答答地傳來水聲。這並非立即得處理的急事：等一下馬上去做就是了。
- 正要把濕答答的牛仔褲掛到曬衣繩上，電話卻響了。別擔心：如果真的是重要的急事，對方等一下還會再撥。
- 剛剛忽然想起，自己還要電話聯繫某位朋友。慢慢來：既然都已經開始寫電子郵件了，就先把手上的事情完成，之後還是可以打電話給友人。

掌握個人節奏可說是「贏得時間」的利器，具備這項能力就不會讓時間白白溜走。所有的生命都受既定的節奏影響，正如大自然的四季交迭、潮起潮落，又或是白晝黑夜和月亮運轉循環，都替人類生活定下了規律。人無法改變各種自然現象，例如我們在冬季就是比夏季時少了一些能量，人在春天特別容易陷入愛河，又或是日照不足比較容易感到憂鬱。

除了大自然的規律循環之外，還有奠基於傳統的社會節奏，像是聖誕節、仲夏夜、各個村莊既有的慶典，又或是以星期日為休息日的傳統。可惜有些歷史悠久的傳統就像瀕臨絕種的動物一般，受到的關注和保護日益減少，未來之路崎嶇幽暗。

大自然的節奏一旦被打亂，人便容易虛弱不適，而溫室效應和揮之不去的環境污染當然也是幫凶，造成不少傷害。許多時令節日和傳統都面臨失傳，種種活動和娛樂休閒也難以反應日夜節奏和季節交替。這些變化和擾亂，使我們容易失衡：外在規律被破壞，身體的自然節奏必因此受苦，可能影響血液循環、心律脈搏、荷爾蒙分泌或交感和副交感神經之間的運作。

社會性的時令節奏重要與否見仁見智，更值得注意的關鍵在於掌握個人的節奏並悉心維護。每個人的節奏不同，正如樂曲的快慢各異，「慢板」當然較「快板」來得寧靜，但是無論是快是慢都並非慌亂匆忙。「快板」並不是「急忙亂趕」，而是「活躍向前」或「生氣盎然」。其實烏龜也是生氣盎然地活躍向前，有時候數分鐘內行走的距離甚至令人驚嘆，這絕對不是慌亂匆忙能產生的結果。

某天庫瑪正在放空時，聽到身後傳來激動的吱吱叫聲，轉過頭來見到比吉一副不吵不罷休的樣子：「庫瑪，你昨天說的話我後來想了又想，發現根本就是大錯特錯的謬論。」庫瑪滿是疑竇地挑起了雙眉。比吉繼續說：「你說步伐一快，心也跟急，會擾亂身體和心靈的平衡。」庫瑪回答：「等等，不完全如此。我是說步伐一慌忙，心也跟著慌忙。慌忙和快速有所不同。」比吉大聲嚷著：「隨便啦！我是來告訴你，我是老鼠，不是烏龜，東奔西跑本來就理所當然！」庫瑪就此回答：「親愛的比吉，你說的沒錯，老鼠和烏龜當然不一樣，你天生節奏就比我快。但這恐怕並非問題所在，因為如果你真的按照自然的節奏作息運作，應該不會抱怨連連和受頭痛所擾。」「唉，大師，這下我真是越聽越糊塗。我究竟該不該學著放慢腳步呢？」「想跑就大步奔跑吧，但是切記別因為快速的步伐造成心靈不適。就算行動快速也別忘了維持內心的和緩放鬆。」

雖然慢跑有益健康，但是前提是要能放鬆進行，否則容易造成壓力。多項針對運動員進行的調查發現，硬是咬牙苦練，長期作用之下對於免疫系統無法產生放鬆跑步帶來的效果。喜歡跑步是好事，但是除了增強體魄之外應該也要能滋養心靈，在此建議進行時無需設定目標，也別像追趕公車一樣向前猛奔。

如果想要維持運動習慣，便得養成適時休息的必要習慣。休息固然有益健康，不過如果你成天都癱懶在沙發上，可得提醒自己三不五時出門走走。

無論是活動或休息，關鍵就在聆聽內心的聲音，自然可以從中掌握如何以最理想的方式配合身心節奏運作。

庫瑪悄悄話：想要翻山越嶺鳥瞰美景，就不應該躲在芒果樹下乘涼。如果棲身在芒果樹下便能滿足夢想，就無需爬上山頂。疲憊了就沈睡，飢餓了就進食，天氣轉熱了，就安然享受綠蔭。這，就是順應自然的生活。

庫瑪的練習：找出自己的節奏

你對自己的節奏有多了解？也許你對於個人生理時鐘已經有所體

驗，不過有時候要衡量得當並不容易。下方的測驗有助於更清楚自己的節奏，就此沒有一定的對錯，也沒有絕對的好壞。掌握個人節奏的重點在於了解何時為自己最有效率的工作時間，何時應該趨於平靜。洞悉了解自然作息不僅能使日常例行事務更事半功倍，也能在強化性格等大事上發揮效益。

請就下列問題短暫思考後逐項回答。最後想想自己已經在日常生活中的哪些面向上順應節奏進行，又有哪些方面尚待改善：

- 早上起床需要鬧鐘嗎？還是會自然甦醒？
- 是否一早就充滿活力和幹勁，還是需要賴床一會兒才有動力？
- 是不是到了深夜還常常想看部電影或是午夜後還會想出門？

- 喜歡夜生活嗎？還是只要夜幕降臨，眼皮也不禁變得沈重？
- 脈搏跳動一般偏快或偏慢？
- 做事傾向偏急求快還是好整以暇慢慢來？
- 在一天的哪個時段感覺最舒服自在？
- 什麼時候最有創意、容易產生新點子？
- 比較喜歡上午還是晚上運動，或是能不動最好？
- 日常作息中的哪個階段最容易感到疲憊？
- 通常如何應對困倦和疲憊？會讓自己動起來或是寧願躺在沙發上？
- 對於冷熱的反應如何？
- 最喜歡哪一個季節？

- 對於受外力形塑而成的生活節奏是否能完全欣然接受，還是一心渴望生活有所不同，例如更寧靜和緩？

生活節奏較慢的好處很多，除了對於健康和神經安定有正面效果，腳步放鬆放慢的好處還有：

- 較為專心
- 做事更細心周延
- 感覺較輕鬆自在，睡眠品質提高
- 心靈寧靜，思路清晰

庫瑪悄悄話：如果能夠緩緩慢活並深思熟慮，自然能活得平靜；平靜的心自然會愉悅和自在；保持愉悅自在正如掌握了開啟快樂之門的鑰匙。

既然慌亂匆忙只會造成壓力，壓力又是許多「現代文明病」的罪魁禍首，想擺脫這種狀態可以從完全潛入自身行為開始，觀察出個人的節奏。

透過放慢腳步、重新認識自己的言行舉止，有助於加強專注。看重品質的人做事情必定鎮靜穩健、毫不急躁，正如許多公司的辦公室裡都掛著類似的警語：「不急不躁，這是工作空間，並非逃亡驛站。」

工作壓力不僅可能使情緒惡化，成果也難讓人滿意。幸好現今許多企業也察覺工作時數不如成效重要，因此新世代的員工、企業和自由業者日益講求工作效率，逐漸看重「慢工出細活」的人才。

面對個人生命這般重大的議題，更應該謹記優先順序，提醒自己工作是為了生活，不能反其道而行將生命全然傾注於工作，否則等於本末倒置。

就算越來越多人堅信「省錢為王道」或「便宜才是重點」，但是高品質往往就是得經過時間的洗禮。為了壓低價格，商人必須草率求快，產出的結果如何，只要比較大量製造和大師手工的成品，懸殊一目了然。同理，人如果能夠留意產出的品質，而不僅盲目追求產量，等於踏上較為理想的人生道路。

這點尤其適用於工作亟需創意的領域，無論是撰寫小說、譜出交響樂曲或是設計全套料理，「創作」的靈感創意往往需要時間沉澱才會湧現，正如哥德式大教堂的建成絕對和搭建鐵皮屋有天壤之別。所以如果希望能發揮創意，就得當心別被日常的慌亂匆忙壓迫得直不起腰背。

此處值得思考的問題是，人是否需要截然劃分「日常事務」和「創意休憩」？「工作」和「休閒」之間又非得這般壁壘分明嗎？我們當然都希望能夠同時兼顧工作、休閒和家庭，所以常將工作領域和私人生活區分得一清二楚。

這時也許可以參考時間管理和公私平衡等概念。不過，假如我們拆除「工作」和「生活」之間高築的藩籬呢？修行禪宗的和尚都知道，打坐只不過是方式之一，日常生活中的言行舉止也是修行之道。人無論是在辦公桌前數著郵票、燙襯衫、傳送簡訊或在餐廳切著最愛吃的比薩，每件看似微不足道的小事都是大好良機，可以啟動關機狀態，以求回歸自我。

放慢腳步。這正是讓人可以不再像老鼠狂踩跑輪的神奇咒語。唯有慢下來才能回歸真實生活，切記：細水長流強過急起狂奔，學會享受更勝不斷消耗！

笛卡爾曾經在著作中表示，依循正確的途徑慢步前進，遠勝過一路狂奔卻跑錯方向。「一心多用」正是現今「誤入歧途」的常見例子，此概念出於資訊領域，指的是同一時間處理多項工作的能力。不過這在電腦上可以運作（我們以為電腦「同時」兼顧多項任務，其實電腦只是以驚人的高速來回處理訊息），到了我們身上卻成了實實在在的強人所難，因為人的每一個感知都需要時間運作，透過神經刺激觸動大腦，才能進一步處理訊息後迅速帶來意識。

庫瑪悄悄話：一心想同時完成多件事，結果卻一事無成——這種習慣模式往往使人淪為時間的奴隸；反觀懂得放下自我以掌握剎那如永恆的人，做事的習慣模式卻是發掘當下「無所為」的情懷，事事盡善盡美。

若是凡事求快又期待能一次解決，到頭來感到生活像是空殼，恐怕也不意外。

雖然「一舉數勞」就原則上並非不可能，例如：

- 邊用早餐邊讀報紙，同時還「傾聽」伴侶說話。
- 邊開車邊抽煙，同時講手機。
- 邊收電子郵件邊刷牙，同時聽聽廣播。

問題來了，同時進行這麼多事當然只能沾沾皮毛。一心多用究竟是否一定能更快達到目標，這點尚未有定論（另外的問題在於，這樣又有何意義）；不過能確定的是，如果我們的注意力總得時時刻刻分散給世界上形形色色的大小事，心智會因干擾而渙散，幸運的話可能沒多久就情緒暴躁，不幸的話甚至可能引發心臟疾病。

某個晴朗的午後，貓頭鷹雲娜邀請了幾個人作客，一同去開闊的叢林綠地度過悠閒時光。除了可口的點心，她還準備了一些娛樂遊戲，甚至還有音樂相伴。比吉接了庫瑪後兩人便一同去和雲娜會合，他一如往常快步向前領先好一段路，有時候才忽然想起庫瑪沒能（或不想）跟上自己的腳步，於是轉身往回跑，等到兩人並肩走了一會兒，比吉又會往前狂奔，遙遙領先之後卻又折返庫瑪身邊，一整段路就這麼來來回回地前後奔波。最終比吉一臉焦慮地說：「庫瑪，你難道沒看到我這麼來回地東奔西跑嗎？走這麼慢，你真的一點都不感到愧咎？」庫瑪回答：「啊，親愛的比吉，我的腳程的確極慢，不過正因如此才一直頭也不回的向前走。儘管步伐再慢，只要不停向前邁進，終究會抵達目標的。」

聚精會神專心在所選的道路上，更精準的說，應該是聚焦在路途上所踏出的每一步，內心便會因為感受到保護而發揮強大的能量。唯有專心不二的力量，能將人推向一級方程式賽車冠軍、精湛出眾的小提琴演奏技巧、諾貝爾物理學獎，又或者能單純地將裝滿的水杯從房間的一頭端到另一頭，卻不會將杯裡的水濺到地板上。

緩慢是專心的入門條件，例如在學習樂器或探戈舞蹈時，首先必須慢慢觀察音階和舞步才可能內化吸收。練習放慢動作可以從極其習慣的動作著手，利用自己早已熟練到易如反掌的行為放慢生活節奏，暫停內心原本滴答作響的計時器，這些都是不容小覷的重要功夫。

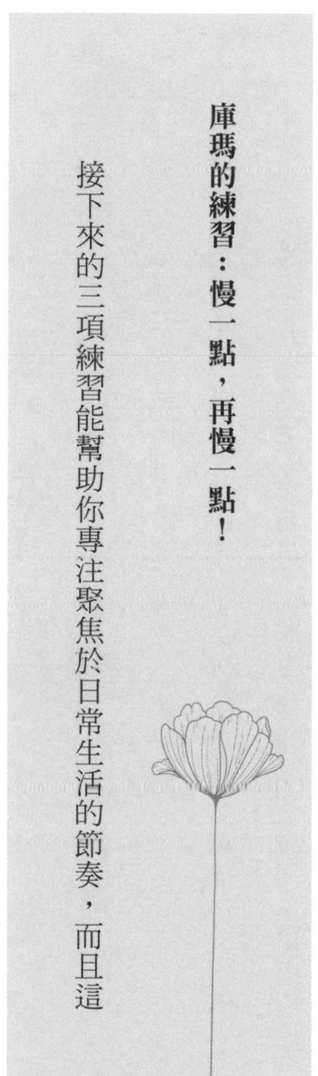

庫瑪的練習：慢一點，再慢一點！

接下來的三項練習能幫助你專注聚焦於日常生活的節奏，而且這三個練習可以分開獨立進行，隨時隨地使用。

一、先選定兩三樣當天計畫做的事，以極其緩慢的速進行，不僅一舉一都應該成為慢動作，也要賦予內心充裕的時間。例如，可以用慢動作

- 使用咖啡機
- 擦拭窗戶
- 切蔬果
- 逛超市

二、「經行」是一種走動形式的冥想練習，傳統上這種禪修方式還會配合特定的手勢。不過有個簡易版本，只有幾項重點原則：以極

小的步伐非常緩慢行走，每次只踏出半個腳掌的距離，同時配合呼吸，踏出一步的時候吸氣，吐氣時候再往前一步。細心體會整個腳掌在地上蹭動的感受，聚精會神於踩出的每一步。

三、慢活練習的第三步叫做「卡！以慢動作重來！」這意味著導演希望再次仔細檢視某個片段。每次只要察覺自己又東奔西趕、急急忙忙，就應該試著「繞遠道而行」：以極其緩慢的速度將同樣的事情重做一次。例如，如果剛剛用力砰地一聲開了車庫的門，慌亂猛力地將腳踏車拉出車庫，這時候就應該在內心喊道：「卡！以慢動作重來！」然後緩慢平靜地打開車庫門，推出腳踏車時不再左跌右撞，而是抱著輕鬆鎮定的態度。

慌忙會產生壓力，其中最常見的導火線就是時間管理不當。許多人大半的時間都用來忙著寫下待辦事項，急迫的問題往往列在最上方（腦筋正常的人不是都這麼做嗎？）偏偏這些事卻往往最後才執行（畢竟急迫的事情往往都最沒意思）。

庫瑪悄悄話：面對凌亂脫序，再努力費心都是枉然；若是能賦予其意義使其井然有序，挑戰或可便迎刃而解。看似迫在眉睫的事物往往未必重要，真正重要的事物卻只是偶爾顯得急迫。

善用寶貴時間的關鍵取決於是否有能力分辨「急迫」和「重要」的不同。以前者為例，鈴聲作響常令人不禁起身接電話，人們也常趕在超市打烊前匆匆前往購物。然而這些緊急迫切的事情其實和個人的理想或價值觀常沾不上邊。

真正重要的事情則可能包括了注意健康、適度運動和放鬆心情；練習冥想、發揮創意，以及撥空和伴侶、兒女相處以加強彼此聯結，這些活動都屬「重要」。

因此我們在列出待辦事項清單時，除了應該處理和思慮的短期事務，也應該針對個人發展進行規劃。為了釐清這兩者的差異，不妨自問：

- 哪些事物對我而言真正重要？
- 我期許五年後的自己成為怎麼樣的人？為此應該要悉心維持哪些性格特質，戒掉哪些壞習慣？
- 我是否一心只想著一顆顆金蛋，還是也顧及了下金蛋的金母雞？換言之，是否注意健康、維持平衡？能否逐漸接近內心追求的目標？

多數人面對迫在眉睫的事情，本能反應就是急件處理，卻沒意識到自己原來產生了比較思維：競爭對手可能是內心滴答作響的時鐘，可能是自己本身，或其他的待辦事項。

如果你內心渴望的生活其實是更緩慢穩健、清楚自知且從容自在，自然必須捍衛這樣的生活觀。怎麼做呢？可以閱讀相關書籍、遠離不重要的人事物，或是在生活太滿、太快的時候，秉持著具體目標調整步伐。

將「待辦清單」轉化為「多十分鐘清單」是個不錯的因應作法，其中當然也應該和普通的待辦清單一樣，包含了明明不喜歡卻非得完成的討厭事務，盡可能迅速專心地將這些令人排斥的項目列出，不受內心或外在因素的影響而分心。

接著按照執行次序，繼續列出其他待辦事項，然後在每個項目旁邊列出通常需要的時間。以下範例可供參考：

1. 洗碗盤、收拾廚房（約十五分鐘）
2. 去超市採買（約六十分鐘）
3. 打電話給朋友（約三分鐘）
4. 做瑜伽、沖澡（三十分鐘）

接著就該輪到「多十分鐘妙法」登場了——在每個項目旁多安排十分鐘（例如收拾廚房從原本的十五分鐘變成二十五分鐘）。

「多十分鐘妙法」能讓人以見樹也見林的方式掌握當天的事務規劃。正因為允予自己多一些時間（有時候不必多出十分鐘，甚至五分鐘就足夠了），所以整體規劃節奏也放慢不少。這個改變的結果就是實際上完成工作所需的時間都少於列表，於是我們就有空餘的時間，可以回歸自我。

你可能也會到驚奇，怎麼原本令人反感的例行事務忽然充滿樂趣？心情平靜地洗碗時可以感覺溫水從指間流過，擦乾碗盤歸回原位，可以讓自己更深一層體驗觸感，心中可能還浮現一句頗具禪意的話：「收拾廚房等於在洗滌心靈。」

讀到這裡，各位也許會懷疑自己怎麼可能騰出時間，從踩著跑輪的老鼠蛻變成為緩緩慢步的烏龜。要擠出一天中的第二十五個小時的確不可能，但是別擔心，因為「重整時間」的機會其實隨處都有，讓我們能將芝麻小事化為重要時刻，從分秒必較的緊迫變得時間綽綽有餘。例如少講不必要的電話、減少累人的聚會、不要收看那些乏善可陳的電視節目、雜誌文章或毫無意義的網頁。

庫瑪悄悄話：了解自己想成為怎麼樣的人，就等於掌握了全天下的時間。

我們在這個章節探討了如何重新擁抱慢活節奏。步伐快慢會影響生活，重要和急迫的事也該加以區別。若想要發揮創意，必要的條件就是擁有充裕的時間。如此我們可能也就不再非得急著劃清生活和工作的公私界線，能發揮作用的神奇咒語就是：放慢腳步。

抵達了那片綠地之後，比吉和庫瑪的其他學生一樣在她身旁躺了下來，準備享受美好的午後時光。比吉開始向大師提問：「庫瑪，向我們透露一下你總能保持平靜的秘訣吧？印象中的你從不慌亂匆忙。到底有什麼妙法？」庫瑪答道：「根本沒什麼秘密。我只不過早上睡醒就輕鬆漫步到河邊，在潛入水中之前先欣賞一會兒那水波盪漾；在水中也不逆流而上，而是閉上雙眼隨波漂流。等我覺得冷了，就上岸曬個太陽，感受整個龜殼沉浸在大自然的溫暖之中，然後在河灘上散散步，享受溫暖沙子輕撫著四隻腳和尾巴。這樣的生活有什麼好急得橫衝直撞的？」

少一點思考，多一些感受。運用這種方式學習慢活的藝術，不僅可能效率最高，也能愉快輕鬆地上手。整天埋頭苦思只會使人焦慮緊張，聚焦於身體和感知才可能踏上平靜之路。

以喝咖啡為例，有人以老派維也納風格品嚐咖啡，也有人走的是老美喝咖啡路線。維也納的咖啡文化發源於當地已有三百餘年歷史的咖啡館，詩人、思想家和藝術家（包括生活藝術高手）聚集其中，聊天談心之外也就當時重要的主題暢談討論。時至今日，客人如果在維也納的咖啡館內，賴著彈簧沙發、就著米朗琪咖啡坐上一整天，絕對不成問題，無需擔心服務生會一臉不悅。咖啡館內五花八門的報章雜誌伴隨著客人享受咖啡時光，在此時間就像隱形消失般，畢竟當年多少小說創作、哲學理論、歌曲樂章或繪畫作品，都孕育於維也納的咖啡館，能如此開花結果自然需要投注不少時間。

無論是哲學家卡夫卡、作家茲威格、作曲家伯格或藝術家克林姆，當時維也納咖啡館的常客恐怕都難以想像將咖啡外帶、邊走邊喝。反觀今日，以紙杯外帶咖啡的文化似乎已經成為所有大都市的不變元素，街上的人們或行走或佇立，手中丟棄式的杯子內裝著某種類咖啡的飲料，另一手不是提著購物戰利品就是忙著使用手機。「喝咖啡」這種長久以來等同休息時間的傳統，也受到「沒時間」文明病的迫害，淪為草草「順便完成」的小事。

速食廣受歡迎。現今德國外食族群中超過三分之一會選擇漢堡、薯條或速食比薩，邊走邊吃、站著吃、盯著電視吃、開車時吃或頂多站在速食店內吃。這樣能吃到的蔬果沙拉當然不足，說穿了只是把食物迅速塞入嘴裡，嚼沒三兩下便吞下，巧克力棒、洋芋片、麵包和漢堡等就這麼進了肚。

這種飲食方式產生的明顯結果就是體重超重。美國是漢堡連鎖店的大國，而百分之六十的美國人有過度肥胖的問題，其中孩童和青少年的人數節節攀升。匆忙進食容易造成嚴重的後果：

- 如此囫圇吞棗，究竟吃了什麼往往也沒有概念。
- 容易飲食（大大）過量。
- 若是無法享受飲食，品味生活許多面向的能力也會日益減弱。
- 錯失了透過飲食進行溝通的機會，因為一同用餐是和親朋好友或同事維繫感情的場合。

庫瑪悄悄話：如果得在裝滿金幣的藏寶箱和專屬自己的時間中二選一，大膽選擇時間吧！若是要在一座宮殿和珍貴難忘的美景之間做抉擇，放手擁抱美景吧。時間彌足珍貴，再高價的物質或再多的奢侈品都難以比擬。

我們的時間非常有限，俗諺說時間就是金錢，不過時間卻不如錢好賺取。一天二十四小時是人如何都無法增加的定數，壽命有多長也無從得知。既然生命有可能在預期外驟然畫下句點，的確沒有理由浪費時間，這點人人都心知肚明。

然而生命的短暫絕對不是叫我們趕著過日子，反而應該緩緩慢活。慌亂匆忙和時間壓力不僅不會使得時間變長，反倒使其更加短促。相反地，我們應該憑藉內心的平靜和澄澈的意識，再度成為個人時間的主宰。

苦苦追著時間跑或難以支配個人時間的無力感，常使人心靈備受折磨。一項針對倫敦一萬名公務員的問卷調查指出，層級越低的人員越早死，「低階」人員的血汗指數遠高出領導階層，常見的壓力症狀也更為顯著。

奇怪的是，健康低落並不代表工作時間較長，甚至還成反比：主管階層工作時間明顯較長，但是患病的卻寥寥無幾。引起不滿、無法快樂的主因其實在於失去主控權，換句話說就是無法主宰個人的時間。

外界狀態對於個人時間運用的影響，其實遠不及自己的心態。再小的決定彼此間也都息息相關，例如重心要放在家庭或是事業？承擔風險還是追求保險？看電視或上健身房？應該從事激烈的運動還是冥想打坐？晚上要加班或是去聽布拉姆斯的音樂會？還有一個關鍵問題：要平靜安然還是又趕又急？

庫瑪的練習：沉思生命的短暫

生活如果少了壓力、匆促，不再老是感到可能有所錯失或非得達到某個目標，那該有多美好啊，這樣就能像烏龜庫瑪一樣輕鬆從容地緩緩慢行。在此分享一項簡單作法，能幫助我們朝這個境界更進一步：把生命視為為珍貴無比的禮物，好好問問自己為什麼生命如此珍貴！想要尋得解答，可以輕輕閉上眼想像自己走到了生命的盡頭，也許是因為疾病、意外或年老等原因（別擔心，只是練習活動）。

面對生命倒數的幾天或幾個小時，你會想些什麼？什麼會讓你特別開心？

是……

- 保持總是準時報稅的紀錄
- 愛車的時速能超過一百八十公里，或行駛一百公里的距離只需要六公升汽油
- 快速無比的網路連線
- 各種赴約、會議或股價上漲
- 好看的髮型、最新飲食潮流、人工仿曬出的棕色皮膚

還是……

- 曾經開懷大笑、快樂起舞並深深愛過
- 詩歌、畫作、春天的草地
- 曾經敞開雙臂，成為孩子的避風港
- 某個夏季夜晚暴風雨時的雲朵變化、溼漉漉的草地踩在腳下的感覺
- 由衷深愛的人，以及曾經有過的眼神交流
- 親吻

你我都是自己時間的主人，究竟要享受品味人生的每個時刻或是浪費時間、虛擲光陰，端看個人。金錢買不來時光，若真能換得，假設人生的每一分鐘都值一歐元，那些無聊透頂的電視節目、和無趣的人長時間會面相處、沒營養的交頭接耳，

以及各種難觸動內心又快速流逝的愉悅享受，會讓你願意花這些錢嗎？是否更值得投注在實質的快樂、真正的享受、內心的平靜，以及和好友、深愛的人共享時光或其他更有意義價值的談話上？

該做出什麼選擇，答案應該可想而知吧。

庫瑪深信緩緩慢活的力量：

慢慢走才能保有初衷。
沒有時間——缺乏感受。
沒有時間——缺乏生活。
走捷徑很難快樂。
無論目標為何—

腳步過快，
心急求速，
終究會失去自己。

庫瑪的秘密：

從容自在。對事物不要過度在乎，尤其不要給自己太大的壓力！
緩緩慢活。急急忙忙難有快樂。想抵達目標就繞遠路走！

三、穩健執著：謹記目標永不放棄的秘密

第三次賽跑

兔子夏沙卡對於和烏龜庫瑪的那兩次賽跑難以釋懷，每每想到其他動物可能如何在背地裡嘲笑自己，就激動難受，好一陣子之後才鼓起勇氣再下戰帖。夏沙卡硬是放下了自尊去找這名大師：「庫瑪，兩次賽跑你都贏了。一次是因為我睡過頭，另一次是因為暴風雨而措手不及。這種事不會再發生了！你敢不敢再比一次？」庫瑪和善地笑著點了點頭。不過這回夏沙卡表示：「這次終點不要訂在向日葵花田，那裡讓我帶衰。我們改跑到熊洞，這樣的老地方準沒問題。」庫瑪欣然同意了。

兔子在破曉前就來到大師面前說：「今天看來無風無雨，我也睡到精神飽滿。你這次又想分享什麼智慧小語啊？」庫瑪略微鞠躬，沒聽到這番揶揄似地回道：「穩健執著向目標邁進。」「廢話，當然啦！」夏沙卡高聲說道，然後就著第一道曙光拔腿開跑。他跑了一陣子後胸有成竹地想著自己這回勢必贏定了，風和日麗的天氣讓他稍稍放慢了腳步，一個小叢林內傳出歌唱和歡笑聲，夏沙卡不禁心癢癢地想到：「兔子派對！看個熱鬧應該無妨，反正我超前了那麼多……」天啊！好讚的派對，多汁香甜的野菜，還和老友不期而遇，那些兔子小姐更是秀色可餐！等到日落餘暉灑在和夏沙卡有說有笑的正妹兔身上，他才忽然意識到自己這次比賽又輸了。庫瑪就這麼享受著美好的一天，穩健執著地邁向目標，贏得了第三次賽跑。

穩健執著的意思是要忠於自己。

有始就有終，要可靠又可信。這些聽起來都沒什麼問題，就算生活再散漫混亂的人也知道（至少在和他人互動時）可靠可信和穩健執著有多重要。這些人在談到自己一團亂的生活時，會表示自己就是這麼活得忠於自己。儘管如此，他們還是缺乏了幾分穩健，內心也希望自己能更執著於目標。

生活過得隨性有時候的確讓人感到很爽。何必為了未來苦思？為什麼要按表操課？何不就當下判斷出最好、最有意義、最開心的方向，然後立刻行動？

對啊，為何不呢？各位繼續讀下去，大概就會了解穩健執著並不代表絲毫無法隨性……

青蛙曼度奇是個非常不可靠的傢伙，無論做什麼老是虎頭蛇尾。某次他想要把居住的池塘美化一番，朋友對此都感到驚喜又興奮。不過他都還沒開始就覺得沒意思了，一心想著自己應該努力精進的是跳水的天賦。訓練跳水一天之後，曼度奇感到麻煩又疲憊，便陷入另一個新點子。他想著這一回新計畫一定要執行到底，所以靈機一動，決定向烏龜庫瑪學習一些智慧，如此一來自己就可以如願成為青蛙王國中的頂尖智者。庫瑪聽了曼度奇的這個願望之後，連聲大笑到眼淚都流了出來，她說：「親愛的，這是一步一腳印的精進歷程，不會因為你想要就從天而降。」

目標如果遙不可及或其實並非真心所求，又或是有其他更值得追求的目標，那麼放棄目標自然合情合理。不過難就難在該如何釐清，坦然面對自己。

假設你很想學彈鋼琴，一開始的練習很簡單，按按琴鍵彈出音樂還有些樂趣。過了一陣子，這麼單指單指地彈變得無聊單調，面對彈得一手好琴的夢想，也只能遠遠遙望到日漸模糊，這項目標遙遠到讓你不禁心生懷疑，究竟這是不是值得追求的目標？說不定繪畫還比較容易學得好呢，這時候那些無聊的鋼琴練習曲早就被拋在腦後，思緒全都轉移到繪畫的快樂上，看來是該報名繪畫課的時候了……

這些情境是否似曾相識呢？一般人多是如此，還沒登上一山就又轉移陣地嘗試另一山。這麼左尋右找，大腦也慢慢習慣於經常轉換目標，一時興沖沖帶來的動力總是強勁，但是往往也退燒得快。

還沒成功達陣前就不停轉換目標，終將一事無成，或是只能達成近在咫尺的簡單目標。憑這種態度和方法是不可能學會彈琴的，因此穩健執著便是關鍵。

這樣是否意味著我們非得律己甚嚴地自我鞭策，才可能降伏心中常愛作怪的誘惑之獸呢？也許在啟程前，應該先就目標審思評估，才更可能放開腳步邁向成功。

曼度奇想聽庫瑪談談穩健執著的好處究竟為何：「我聽說您教導大家不要對事物緊緊不放。我也就是這樣啊！問題是有時候都還沒開始，我就覺得無趣了，乾脆改忙別的，有錯嗎？」庫瑪回答：「噢，不，親愛的，這樣你恐怕連一點樂趣也無福享受呢！」

隨隨便便就放手，能收穫的少之又少，因為輕言放棄所失去的往往超出想像！

此處的挑戰其實在於是將目標視為點還是線。「會彈鋼琴」是處在未來的遙遠目標；相對的，「學彈鋼琴」這項目標卻能夠天天實踐，而且若真的內心有所可望，學習當下都會因此感到愉快滿足。

有些目標不過是想像中的美好憧憬，而真心渴求的目標卻能夠帶給人踏實的滿足。

不過，究竟該如何辨別出真心渴求的目標呢？

這些目標常常並非第一時間浮上心頭的事物，例如換新房、換新車、賺更多錢等等，人真心渴求的幾乎都不是物質。用心傾聽內心的聲音，找到自己深信的事物，那可能就是確實值得追求的目標。接下來的練習也許對各位有所幫助。

庫瑪的練習：發現真心渴求的目標

請就某項深信的目標在腦海中繪出一番景象，想像有一天這可能是你真心渴求的目標，完完全全沉浸在達到目標的情境之中，然後回答下述的問題：

- 雖然有些替自己的成功而開心，但是否同時也有些感傷這趟歷程走到了盡頭？
- 是否因為完成目標而心滿意足？
- 完成目標之後的生活是否有所改變？
- 還是現在難以就這些問題作答，因為真心渴求的目標早就等著自己展開行動？

如果最後一個問題或是前三個問題的回答是肯定的，真心渴求的目標大概就真的值得你大膽追夢，而且最好今天就立即行動！

這種真心渴求的目標也許早就存在心中，只不過我們因為沒能勇敢堅持而躊躇不前。有時候這也可能意味著那並非由衷追求的目標，這時候就應好好和自己深層對話；也可能因為其他的事物和替代選項力道過強，減弱了追求目標的動力。儘管真正的目標應該會讓人產生強勁的動力、忠於自己所求，有時候卻也仍稍嫌不足。

所謂的「動力」究竟是什麼？就是「能激起行動的力量」。缺乏動力就難有行動，而只要動力強勁，無需外力也能展開行動；動力不足則萬事難成。

物質上的誘因——簡單來說就是金錢——很容易促使人展開行動，而且可能是本來絕不會有的行徑，例如每天早上就到沉悶的辦公室報到。但是由於金錢和活動內容的關係又過於間接，所以一般人對於工作多提不起勁。有的人雖然受不了工作，卻因為別種動力的支撐而能咬緊牙根：害怕失業，這樣的動力當然不甚愉快。儘管這種動力能促使人起床工作，但是工作不愉快的比例卻日益升高。另外也有人是因為深信其中的意義和價值而維持動力，也或許因為同事相處良好或是得以從中證明個人能力。

哪一種動力較為持久、強勁且能帶來成就滿足，可想而知。問題來了：我們是否可能無需憑藉外力，而是由內而生地產生這種「自發的」動力？真心渴求的目標其實就能化為動力！但是面對日常生活中諸如採買或運動等種種例行事務，也有可能產生富有意義的動力嗎？

接下來讓我們進一步談談動力的分類。基本上動力可分為兩種類型：「遠離型動力」和「獲得型動力」，這兩種想必各位都很熟悉。

疼痛可說是「遠離型動力」的最佳例子，因為疼痛等於清楚警示人應該有所改變：「希望能遠離疼痛」的動力可說是人人與生具備，連最低等的生物也有此自然反應，受到傷害就會儘快啟動逃離模式。「遠離模式」也是普遍最快讓人有所動作的推手，多數人都是因為當下的狀態變得不舒適才開始採取行動。想當然爾，如果本就苗條纖瘦又何必減肥？

儘管這種「遠離型動力」是生存法則，卻也有缺點：我們可能只會注意到產生負面感受的因素，卻不知道該如何遠離現階段的狀態，等於無所適從。這種情形自然使人每況愈下，就像有些人為了逃離混亂難受的生活，反而轉向毒品。

「獲得型動力」則完全相反。獎勵所產生的動力就像磁鐵，只要吸引力夠強，人都會情不自禁地靠上前去，哪怕力道並非萬分強勁，也有助於我們釐清方向，朝目標前進。

要能善用「獲得型動力」必須具備兩項高層次的能力：預想的能力和一定程度的自信。例如面對有趣的新工作、旅遊度假或戒煙後的生活等，無法預想達成目標後的獎勵，恐怕便動力缺缺。「獲得型動力」不如「遠離型動力」這般直接立即，但是只要不僅是肉體上的生存需求，效益反倒遠遠勝出。

庫瑪的練習：獎勵和懲罰

長期來看，「設立目標」的確比「驚慌逃離」更具意義和成效。儘管如此，卻很少人明白，孩子會動手打人，雇主會以解雇作為威脅，又或恐怖份子會發動戰爭，背後的原因都是「短期效果驚人」。

各位可以透過下方的活動體驗一番，請兒女或伴侶擔任夥伴，再準備兩塊巧克力和鐘錶。

先將巧克力藏在屋裡的某處，然後請夥伴開始尋寶。第一回進行時，對方只要方向錯誤，請你一概大聲說「不對！」；第二次進行時，只要對方方向正確就說：「很好！」

然後比較兩回尋寶的時間。

其實「獲得型動力」的效果未必永遠是比較好的，有時在急難的當下——例如碰到惡狗想要咬你的時候，「遠離型動力」的生物本能反而會成為首選，因為不僅力道十足，而且也無須等待心智發號行動就可以閃電般反應動作，立刻將手移開或跑遠。「獲得型動力」還有一項缺點：缺乏彈性，面對障礙時這種動力很可能就流失殆盡，因為心中的目標很快就會化為雲煙。

其實這兩種類型各具意義，在互補之間相輔相成。理想的狀況是能雙管齊下，也就是即時發揮「遠離型動力」時，別緊閉雙眼就開溜，同時也啟動「獲得型動力」來汲取能量，才能方向正確地向前。

庫瑪的練習：在托斯卡尼不吸菸

假設你想戒菸，可以借用「遠離型動力」，好比擔心罹癌、厭惡終日纏身的菸味，以及擔心買菸太花錢。這些雖然都能激發行動，卻依然不足，因為「不吸菸」稱不上目標。（訂立目標時，要用肯定句，避免使用否定句。）若是不清楚自己想朝哪個方向展開，戒菸就難以長久。這時候注入「獲得型動力」，簡簡單單就能使計畫更完善：為了旅遊開始存錢（必定要設下目標金額），每少買一包菸就將那四歐元存下來，想想──如果每天抽十根菸，這麼抽上一整年的錢等於可以去托斯卡尼旅遊一週。

善用想像力，再運用「獲得型動力」和「遠離型動力」，其實就能適用於任何人生處境。若是能兩者結合並用，成效更佳，而且用在真心渴求的目標上效果亮眼。也不妨這樣想像：這個真心渴求的目標具有某種「心靈橡皮筋」，每次因為不順心或阻礙所產生「遠離型動力」，都會將自己朝真正的目標彈去。這種「心靈橡皮筋」有助於迅速釐清方向，幫助我們為了目標充電向前，同時也能保有彈性！

這種態度和方式能使人時時抱懷著真心渴求的目標，不致於半途迷失方向。無論如何，都會朝目標方向前進。

過去幾週青蛙曼度奇的心境非常平和，他覺得庫瑪真心想幫助他尋找方向，因此將她的一字一句謹記在心。曼度奇左思右想了許久，究竟自己真心渴求的目標為何，卻總是拿不定主意——稱霸池塘嗎？這樣生活的確會大不相同，卻未必更加理想；靠著歌喉一舉成名？別做夢了，那呱呱叫的嗓音都令鄰居不堪其擾了；成為跳水高手嗎？實在說不上意義何在……最後曼度奇發掘了自己由衷的渴望：認識這個世界！雖然他無法將其中的好處說清楚，但是也不多想地就趕到大師面前說道：「庫瑪，現在我知道自己真心渴求什麼了，就是認識這個世界。不過該從何開始好呢？」庫瑪帶著關愛凝視著這隻小青蛙，回道：「要先忘卻世界，才可能認識世界！去芒果叢林外的池塘看看，到棕色丘陵後方的湖邊走走，一訪高山腳下的沼澤，然後繼續探索。上路追求目標時，別忘了將目標銘記於心。」

將目標轉化成一條路

跟著目標這條路一直往前行，那麼達成目標就容易多了。

將目標轉化成一條路究竟是什麼意思呢？說穿了就是改變認知。這樣對於目標或方式並無影響，不過觀點卻截然不同。一般人會從出發點A開始，將目標設在遠方的另一頭，等於從A點到Z點就是一連串的費勁努力。整個費勁用力的中間歷程，往往將我們和目標硬生生地分隔兩端。

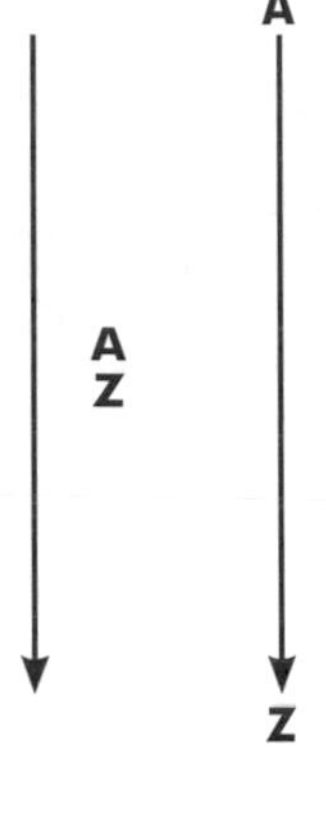

採用第二種觀點時，面對的是相同的現實狀況，處理方式卻迴異：目標和出發點合而為一，兩者一同成為路線上方的重點，一路上出發點和終點相互融合，道路本身也就是目標！

庫瑪的練習：形塑目標

下面幾項易行的法則能夠有效地將腦海中浮現的目標塑造成形，賦予其「良好的樣貌」。對任何目標都可以適用，不過如果應用在真心渴求的目標上，還能事半功倍。

- 切記目標要清楚！如果無法清楚確認目標，何來成功抵達呢？

- 切記目標要符合自身的價值觀！目標若是和內心的價值觀背道而馳，永遠無法帶來快樂。
- 切記以正面肯定的字句訂立目標！「我不要……」不是理想的目標，因為刪去法無法提供前進的方向。
- 切記：目標不應該是比較！「希望我在……方面能更……」不是理想的目標，因為「更厲害」到底是多厲害？實在難以定義。
- 切記目標要有時間表！唯有配合時間，才知道自己是否達成了目標。否則會落入「明日何其多」的循環。
- 切記：目標要能夠憑一己之力實現！例如，樂透中獎不算是目標，它只不過是種希望。

• 要提防「達標之後的副作用」。實現了真心渴望的目標之後，生活也會改變，註定會有所失去，這點必須謹記在心。

貓頭鷹雲娜大師向庫瑪說：「穩健執著應該只受用於無法迅速完成目標的人吧。為什麼你如此推崇這項特質？」庫瑪回答：「如果一間房子就快蓋好了，只差個屋頂卻停工，在我看來這種停滯不前，很是可悲呀。但是就算建造進度還在打地基，房子卻能持續蓋下去，在我眼中其實是值得高興的領先在前。」

如果已經努力練習、思慮考量或激發動力，卻仍感到心有餘而力不足，有可能意味著目標訂得太遙不可及了。再有意義的目標，也可能因為距離而變得遙遠或渺小，使人難以聚焦。反之，簡單微小的目標如果近在咫尺，也可能顯得值得努力。

但是別擔心，就此其實也有解決之道。

庫瑪的練習：難以一次下嚥的大餅

針對長遠的目標，維持動力的最佳作法就是將其劃分為「細部的目標」。細部的目標，與真心渴求的大目標相比，有幾項差別：

- 於較短的時間內可達成。

• 能夠確認是否已達成。
• 很快就能感受到成就感。
• 能鼓勵自己繼續向前邁進。

如果你的目標是減重十公斤，可以先從減半公斤開始，完成了一個小目標之後再設立另一個小目標，不必一開始就設好重重關卡。穩穩踏著小步向前，完成可及的現階段目標後，憑藉著成就感借力使力繼續前進。

⚜

以上的章節討論了追求目標時的穩健執著，提到對於真心渴求的目標必須思慮透徹，唯有如此才可能從中踏實滿足。另外，將心力投注在這樣的目標上，因為其中的獎勵特質，實行起來也較為容易。有時候真心渴求的目標過於重大深遠，日常生活中可能難以激起動力，這時候可以多方審視目標，設法分割為細部的目標，同時盡可能加強動力。最關鍵的概念在於勿將重要目標設成單一終點，而是將目標化為歷程途徑。

曼度奇因為要開始追隨真心渴求的目標，感到十分踏實滿足，活了大半輩子，這種踏上正確的道路、賦予人生意義的感受，還是頭一次能夠維持超過一天。他在出發前決定再訪庫瑪，聽聽她有何忠告：「大師，我學到忠於自己的重要，也準備整裝出發了，可是之前卻已經答應表弟後天會參加他的婚禮。忠於自己和忠於他人可能同時並存嗎？」庫瑪回道：「親愛的曼度奇，如果別人無法信任你，你又怎麼能取信於自己呢？」

穩健執著地追隨某些目標的確重要，但是人生更關鍵的任務在於努力追求真心渴求的目標。

穩健執著其實還能體現於另一種形式：對於自我的穩健執著，以及和他人往來應對時展現的穩健執著，於此他人才能建立起對我們的信任。

各位必定認識一些十分可靠的人，但是也有些人唯一可靠之處就是絕對不會兌現承諾。從中你應該也發覺，可靠與否和其他性格未必有所關聯：有些人雖然可靠，卻也許固守規則到一個程度，實在不如那些可愛迷人的糊塗鬼那般令人喜歡。

可靠、忠誠和守時的特質在人際互動上是使對方感到正面的特質，但是對於自我本身卻不見得如此重要。若是身處在時間觀念有所不同的文化（例如印度）卻仍總是準時赴約，可能在使自己日子過得辛苦之外，還讓他人深感無所必要的壓力。

如果大力推崇婚姻忠誠，另一半卻是換夫換妻俱樂部的常客，等於只讓自己淪為笑柄。而信誓旦旦會落實承諾的人，若只帶來苦難和不公不義（例如一心「效忠」希特勒的人），不僅可能加深此種不公不義，甚至可能成為加害者。

可靠、忠誠和守時的價值其實不取決於對他人產生的助益，重點在於我們不應該隨便就某個模糊價值一頭熱地緊抓不放，還必須將對他人的尊重謹記在心，盡可能讓內心和外界和諧共鳴。亂成一團而不可靠的人也許其實有副好心腸，可能友善熱情又樂於助人，不過他的思想、感受和行為恐怕未必一致。反向過來想，注重守時且講究細節未必就絕對可信可靠。

這種內外共鳴有幾種可能：可能完全一致無異，也可能像交響樂團的多種樂聲般和諧。循規蹈矩之人屬於前者，思想、感受和行為交錯的人則屬於後者。

可靠可信的真正價值其實在於使人內心平和，心靈坦蕩自由，不再受到不必要的牽制羈絆，例如因為繁雜瑣碎的義務而虛應故事，習慣流於形式，耍耍表面工夫，又或是忙著找藉口、忙著澄清或在情急之下撒謊。事實上，再缺乏想法的人、再孤僻的獨行俠，下意識裡思想、感覺和行為動機上都難免有相互衝突的時候。潛意識必須時時刻刻努力，才不會在忙亂的事件、期許和需求中迷失方向。

做人可靠可信並非義務，反而是使自己更加坦蕩的選擇；做人可靠可信不僅不是自由和隨性的相反詞，反而是能自由隨性的必要前提。外界的種種要求和有限的時間，雖然會設下界線，但這樣不會擠壓到我們的心智清明和穩健執著，反而會更加寬廣。能夠秉持澄徹的心前進，一路上在做大大小小的決定時反而更有餘裕，也更有機會真正地即興行事；否則容易受苦於情緒不定、觀點善變，而且在一團混沌雜亂的同時可能已經危機四伏。

多數人想到穩健二字，常常聯想到犧牲了自由和個人空間。這可是對穩健的誤解，錯將「享受自由、個人空間」和「缺乏想法、肆意多變」劃上了等號。

做人一旦習慣撒謊誑言又食言失信，和誠摯守信的人相較之下，很容易馬腳畢露。而且時常捏造各種或大或小的謊言，遲早會如同滾雪球般，為圓一個謊而生出另一個謊。無法信守承諾往往很快就得捏造藉口，最後必將付出代價。

大衛和洋娜本來有約，不過卻完全忘了這回事，等到想起來時恰好老友保羅找上門，兩人便約在比薩店碰面。出門前大衛還特別給洋娜打了電話：「不好意思，我的阿姨一時興起來訪。總不好讓她就這麼一人呆坐著……」幾天之後洋娜聽某位朋友說在館子看見大衛。「對啊，真妙。那天阿姨帶了表弟一起來，在路上時阿姨巧遇一位朋友，所以我就坐在……」某次洋娜無意間在朋友的婚禮上聽聞大衛其實根本沒有阿姨。「噢，我是沒有阿姨啦。不過愛麗卡是我媽媽最要好的朋友，所以我從小都稱呼她阿姨……」

當然並非每個人都說謊不打草稿，以上種種巧合在現實中發生的機率可能不高。然而言行不誠實就等於時時可能有「危機」，而日子明明無需如此沈重。說實話並非出於道德約束，而是為了讓自己活得更輕盈坦然！

各種不誠實的言行都應該避免，畢竟是好是壞，我們的內心都深受影響。

庫瑪的練習：「事實」和實事求是

事實真相有時難以分辨，但秉持著實事求是的態度，就可避免自己任由外在因素牽引。

左下方圖示中的兩條線，箭頭內的哪一條比較長呢？請仔細瞧瞧說出「事實」。

正常的視覺會使人誤以為上方箭頭內的線較長，但是其實兩者長短完全一樣。

這種感知小測驗很簡單，但是如果轉移到人際、心靈、美感等其他面向，判別「事實」恐怕就吃力些了，因為真相未必總為雙眼所見。人在用字遣詞上也可能造成誤會，有時候深信不已的真相反而和事實天差地遠。

心靈要穩健未必非得追求「事實」，關鍵在於實事求是的態度。

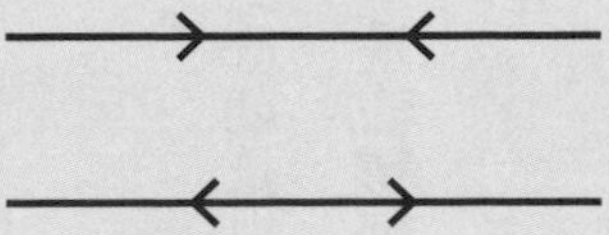

亂開「空頭支票」的人日久必無法取信於人。

亂開空頭支票，日子久了之後除了對外無信，甚是會失去對自身的信任，字字句句都只是空洞無義，也許偶爾能守信，但經常是空話一場，最終連自己也難以說服。如果無法取信自己，個人的任何言語在心中也不過如浮雲迷霧，久而久之對自我存在的意義也會逐漸動搖。

人一旦感覺自我存在缺乏意義，便會苦於自我價值低落，跌入憂鬱深谷。儘管可能會有一陣子、甚至好一段時間誤以為自己處心積慮耍的小聰明能提昇自我價值，但是某一天終會幻象破滅，失信於人。若是連自己都無法信任自己，又如何向他人索討一絲一毫的信任呢？如此還真是可悲啊！

相較之下，培養穩健向前的好習慣還真是不二選項！

實事求是和道德規範並無關聯，也不是要舉步維艱地行事，說到底就是坦坦蕩蕩，腳踏實地和自己坦然相對，不作假偽裝，誠摯待人。這種實事求是的精神其實不在於追求發光發熱，而是安穩做自己。

日常生活中的實事求是指的也是避免一口誑語和自欺欺人，而且應該從小事著手。例如，多數人敘事時不免東添西加地誇大。這種人性不難理解，因為同樣的事件如果多幾抹生動色彩，自然更有趣且引人入勝。然而聽者雖然因此聽得津津有味，但是對於講者卻是種內傷，因為講者為了有所發揮和急於提升個人吸引力，一旦聽者提問，又得想方設法強化先前幻化出的假象，自己也和實事求是的原則漸行漸遠，離開了腳踏實地的自我。

正因如此，實事求是才如此重要。

庫瑪悄悄話：輕言承諾往往難取信他人；敷衍應付的處事態度只會關關難過。真正的智慧在於不求捷徑，如此反而更能輕鬆向前。

以上章節和各位分享了可信可靠的重要。這麼做並非為了符合道德規範，而在於讓心靈不受雜亂牽絆，能日益清亮剔透，也才能長期忠於自我，在人生的道路上值得他人信任，同時也能放心信任自己。

曼度奇參加了表弟的婚禮，落實承諾的同時也與昔日友人歡聚一堂，同時還發現自己探索世界的計畫並未因為落實承諾遭受影響，反倒還因此受益。向庫瑪學習之後，曼奇度變得更穩重平靜，而且還更快樂了。現在該朝真心渴求的目標邁進了，準備探索世界的他到庫瑪跟前，懇求老師再賜與他一些忠告。「親愛的曼度奇，現在的你有了之前欠缺的穩健執著，我哪還能給什麼建議呢？你所需要的一項也不缺，已經萬事具備了。只要穩健執著地做自己，便不會迷失方向。」

談過了目標、思想、感受和行為上的力求穩健，千萬別忘記這一切都建立在最深層的基礎上，也就是穩健執著的做自己！

你我內心都暗藏著某個平靜基點

我們的生活，往往就順著這個平靜基點運轉。這個關鍵基點如影隨形地陪伴我們過日子，從五歲到十五歲，十五歲到五十歲，經過種種經歷、學習或遺忘等體驗，我們還是自己。

不過這個形塑了自己的「我」究竟是誰？就此本書並沒有要採取任何全面、理論、哲學或心理學的角度，談討自我的本質。更重要的具體問題在於這個「我」究竟是誰？你又是誰呢？

庫瑪的練習：脫離自我

現在來進行個有趣的思想實驗，想像你可以將自己任何的內外部位抽離，可能是肉體、靈魂或心智。移除了多少還能維持自我呢？你是不是不太願意和這樣專屬個人的部分分離？但是如果是擔憂、恐懼或殘缺、醜陋等念頭呢？就從自己想擺脫的元素開始吧。實驗一開始其實還挺愉快的，因為先是想像甩掉了討人厭的部分，然後再褪去多餘的，接著可能會越來越難割捨……

發掘自己的核心樣貌雖然是個挑戰，好玩之餘也有所回饋。

最後仍安穩如山的是哪一部分？其實就是深層的本質。人的深層本質不會委身屈就，不會與種種想法任意起舞，也不容易被說服；但是這本質卻又並非另一個極端，既不會強力抵制，也不會頑固不冥，面對真知灼見也並不抗拒。

它不任人操弄，反而像是獨立自知的個體，發展完善之餘依然有成長空間，如同發展健全的孩童仍在成長進步。

面對外在控制，我們的抵抗力來自於追尋自我的歷程，這項課題在現今社會格外重要，因為發自內心深處的聲音和由外「植入」的種種想法，越來越難以分辨。各種影象從四面八方湧入：擦乳液好維持年輕樣貌，開的車應該益於環保，如何吸引異性或展現種種外在條件，善加使用清潔劑等等，白色的要更白、五彩得更繽紛、潔淨必須更進一步，多喝檸檬茶……這些都能讓我們更受歡迎、更可親……還有，選出來的政黨要能將世界建設成天堂，讓人更平等、自由又富有……

要看穿這些承諾其實並不難，只是由電視傳送出的種種影響往往更深入人心。我們因此認識到所謂的成功人士應有的樣貌（完美的造型、苗條又無可挑剔），明白今日的「男性」思維（尤其是對於性和工作的態度），還聽聞了到處暴力肆虐（電視一天報導出的殺害案件比全國一年發生的還更多），暴力似乎也成了日常生活中的常態（戰爭、犯罪和動作片），好像都在傳達著我們還未具備在世界上穩穩立足的各種條件，若不努力讓自己出頭，恐怕就得忍氣吞聲埋頭苦幹……

有時候這種表象似乎比真實狀況更加令人深信不疑。可是，夢想中的海市蜃樓終究只會帶來更多夢魘之苦，只要我們不容許假象張牙舞爪，它就無法產生影響。這種清人深陷假象時雖然不容易清醒，但是如果能喚醒心智，就能得到更多自由。這種清醒可能像受到當頭棒喝般突然，也可能是一路逐漸甦醒。無論如何，穩健執著地追尋內在本質、找到真實自我，都是清醒必要的過程。

- 問問自己，心中的願望真的是自己想追求的嗎？
- 問問自己，這些想像從何而來？
- 問問自己，自己的信念想法奠基何處？

仔細聆聽內心的聲音，你就是知道哪些答案才具有意義。

這麼做等於又向本質核心更近一步，穩健執著地尋找自我，就是讓假象幻想泡沫化的起點，讓你擁抱自身的真實本質。

庫瑪悄悄話：以真實的面貌繼續做自己，在轉換之際穩健執著，正如壯麗的河川——儘管時時流動變化，但本質恆久如一。

以上章節談到性格上的穩健執著和頑固不冥是不同的。守護自己指的是忠於自己，平靜接受改變但絕非隨波逐流，而是隨遇而安。如果我們希望免疫於操弄和欺騙，第一步就是先認識自己、找尋內在本質的核心，如此就不會因為種種假象失去自我。

❦

面對目標，只要實踐穩健執著的原則，幾乎都能成功達陣。甘地和其「堅持真理」（Satyagraha）的哲理就是最佳實力，他不屈不撓地堅持以非暴力的行動，替公義平等樹立了典範，最終達成了印度脫離英國而獨立的目標。甘地並未發動武力，他反對暴力，多次入獄且被惡劣對待卻安然接受，堅毅地朝目標努力。

人時常以為只要忠於自己繼續努力就能達成目標。可是唯有不自我欺騙才可能忠於自我，換句話說，我們要追尋的是發自內心深處的渴望，不要追尋自己從未主動選擇的目標，因為這種目標都只是別人的夢想而已。

每個人最深層的本質其實都已經發展完善，只差自我發掘。

庫瑪深信穩健執著的力量：

就連榕樹也是從微小嫩芽開始茁壯，
就連廟宇高塔也是由一磚一石堆高，
而行經千里的旅程，
自然也得從邁出第一步展開。

庫瑪的秘密：

從容自在。對事物不要過度在乎，尤其不要給自己太大的壓力！
緩緩慢活。急急忙忙難有快樂。想抵達目標就繞遠路走！
穩健執著。有始就有終。一開始就要追隨自己的心！

四、轉化蛻變：妥協放下的秘密

第四次賽跑

兔子夏沙卡這陣子變得謙虛了些，畢竟已經被老烏龜擊敗了三回，也許庫瑪真的有些智慧。這幾回的賽跑還真是不堪回首，夏沙卡一想到就面紅耳赤。不過現在他又下定決心要好好贏大師一回，所以再次向庫瑪表達了挑戰之意。庫瑪指向遠方的一棵大樹表示：「看誰先跑到那棵老芒果樹就贏了。」夏沙卡一口同意。

隔天早上兩人碰面時，夏沙卡又一副勢在必得地鞠了躬說：「我還有點累，你就先跑吧。」庫瑪鞠了個躬後便開跑了。一刻鐘後夏沙卡起身喃喃自語：「現在悠悠哉哉地跑向老芒果樹，在老烏龜抵達前還可以休息一下。這回我贏定了！」他神采奕奕地向前跳躍，不一會兒就趕上了庫瑪，沒想到在抵達終點前竟然還橫著一條河流！他沿著河流跑了一哩又一哩才找到通往對岸的橋。夏沙卡費了大把時間終於過了河，而庫瑪早就已經游過了河來到老芒果樹下。

庫瑪就這麼踏過陸地、游渡河流，憑藉著轉化蛻變的能力贏得第四次賽跑。

面臨不甚愉快的狀況和變動，有兩種截然不同的應對方式：不是試著適應，就是設法改變狀況，讓這個世界符合自身狀態和需求。面對寒冬，我們可以洗冷水澡鍛鍊身體、透過運動讓身體暖活或是接受寒冬的考驗，總之就是去適應寒冷。另一種作法就是改變外部狀況，跳上飛機往南方飛去，或者穿上保暖的大衣並將暖氣開強一些。

西方社會從古至今選擇的都是第二種作法，也就是為了配合「人」的需求而改變環境。各種知識和技術就如此應運而生，好比高速公路、冰箱、基因改造動植物、行動電話和電子錶等厲害的發明。

儘管一切看似美好無比，多數人好像都沒有因此變得真的更快樂。

儘管人定勝天的精神似乎極其重要，轉化蛻變的重要卻有過之而無不及。兩者的差異可分為二：

乍看之下，改變外在往往較改變內在輕鬆。雖然一開始要研發出品質良好、運作順暢的暖氣系統，必須費很大的心力，不過在此之後打開暖氣這件事卻絲毫不費心力。

而「轉化蛻變」聽起來卻不免和「妥協適應」有些相似，也是許多人對此有些卻步的原因。轉化蛻變這項超級能力為人類特有，「妥協適應」只是其中一環，絕不同於委屈服從地放棄深信的理念，也不等於面對權威低聲下氣或對於惡言惡行逆來順受。

因為委屈服從而放棄自我本質的人，等同是扭曲了自己，失去真正的自己後就僅剩「小我」硬撐著外在的社經地位、擁有的財物等。真正的妥協應該是反其道而行，即雖然放棄小我卻守護真正的自我。

穩健執著和轉化蛻變絕非反義詞，這兩者反而相輔相成，正如陰陽日夜輪替，也像硬幣的兩面。陰陽的哲理來自中華文化，下方的八卦陰陽圖巧妙說明了這種相輔相成。

圖中的黑和白既是背景也是前景，把其中一項移除了，整個八卦圖也跟著消失。這黑白分明雖然明顯可被視為兩個部分，但是卻又同為一體，正如穩健執著和轉化蛻變的關係。

庫瑪悄悄話：不走動就難以維持站立，不站立卻也難以邁步走動。

上述的哲理如何應用於生活呢？

無論我們願意與否，都會受到生活的影響，正如自己的一言一行也會影響這個世界。哪怕什麼也不做，也等於替行為下了決定：就算只是坐在沙發上也在以某種被動的方式產生影響，無論是哪種選擇，我們的行為都會影響這個世界。如果沒有窩在床上，而是開車往湖邊去，說不定就可能救起一個身陷危難的人；如果開車去湖邊玩，而不是窩在床上，也可能不小心撞到路人。我們無法得知自己的所為和不為會帶給這個世界什麼影響，唯一能確定的是事物的流轉未必任人掌控。

事物流轉如川河，時時都在改變。人如果無法順應世界運轉就容易失衡，內心和外在世界無法和諧共鳴。想與世界和諧共鳴其實沒有絕對作法，小秘訣倒是有一個：「一言一行要和真實的自我相符一致。」

不過，該如何判定自己是否「心行一致」呢？其實很簡單，如果言行違背本質便會感到不自在、感到緊繃，內心的阻力也會自然湧現。人的內心和行為若是和諧共鳴則會感到自在安然。

水牛馬胡納非常固執，只要下定決心，任何人事物都無法改變他的心意。從前馬胡納在牛群中還頗受尊崇，但是現在年紀越大卻越感到孤單。因此某一天他決定去拜訪老烏龜，畢竟久仰大名。決心已定，任何人都無法阻撓馬胡納的請益之路，其實也根本沒有人想阻撓他。馬胡納一見到庫瑪，問題就脫口而出：「緊緊守著個人的觀點，不是比任由自己行為受到外界影響更好嗎？」庫瑪沉思了片刻後回道：「活生生的生命應該柔軟具彈性，木乃伊才會強硬僵化。老橡樹會因為強風而斷裂，竹子卻懂得隨風躬身。然而竹子順應風向而彎曲，並不改變其本質，因為既無需忙著彎扭自己，也不用繃緊深植，只是單純地忠於自我。」庫瑪向馬胡納眨了眨眼又說：「竹子只要注意身邊是否有熊貓出沒就好……」

生命是某種形式的活動，而活動其實正是轉化蛻變的一大基石，正所謂活著就要動。就算完全靜止不動，血意仍在體內流竄，呼吸吐納和思考能力也都活躍著，好比一棵老樹的汁液在其活躍的細胞內循環，都是從未停歇的活動。

完全不活動就等於死亡。

但是毫不活動的定義又是什麼？宇宙的一切時時刻刻都在變動，改變就是存在的必然元素。原子本身就會振動，其中更微小的分子本身也都是活動的能量，因此沒有任何事物是完全靜止不動的，整個宇宙和萬物都在呼吸吐納。

絲毫不會變動的人事物並不是死亡，而是根本不存在。由內到外全然靜止只不過是一種幻象罷了。

這麼說來人是否應該加強活動呢？這麼說吧，多活動至少無害。我們的肉體確實總是快速地朝各處奔波，常感覺力不從心。不過，還有另一種形式的活動可能更為重要：不斷朝新的方向活動，而且不是肉體層面，而是心智的活動。

每個人的世界都是從自己對世界的認知架構而成。如果在心智運作上固執地又擋又攔，只願意緊隨著先前計畫好的路線前行，世界自然只會狹小，少有自由且處處受限。如果能放寬眼光，離開原先規劃的路程，自由自在地環顧四周，世界就變得遼闊寬廣又五彩多元。

也唯有如此我們才能夠享受真實，強化創意和認知能力的同時也豐富心靈。

想要活動當然必須具備活動能力。人如果老是坐著而不善用身體，身體自然日益欠缺彈性。同理，若是從不接納新事物，不運用心智能力，心智和性靈也會逐漸失去其柔軟度。

人類本能上具備多種能力，尤其是創意，就算不是天才也能夠編織夢想發揮創意，令人大開眼界驚嘆不已。就算你不是莫札特也能夠哼唱自創的小曲；不是畢卡索也可以透過畫筆表達情感；不是歌德也不妨提筆記錄想法念頭。最重要的是無需苦苦等候絕佳靈感從天而降。

創意可說是轉化蛻變的藝術。任何形式的表達都是一種活動，藝術表現一旦僵化，一種語言一旦停止演化（例如拉丁文、古希臘文與或梵文）等於宣告死亡。所謂的創意並非無中生有，同樣的道理甚至也適用在上帝這位的造物者。

庫瑪的練習：維持心智彈性

庫瑪某天一時興起要馬胡納猜個謎：「所有的生物都會受九種苦：貪婪、無知、仇恨、恐懼、妒忌、驕矜、衝動、無愛、迂腐。」

庫瑪針對每一種自己提及的「苦」，各放一個石頭在地上，最後排列成左下的圖形。

□□□
□□□
□□□

馬胡納睜大雙眼瞧著。庫瑪表示：「我們可以用凌亂扭曲的思路這邊碰一下那裡沾一下的，但是也可以用簡單筆直的方式觸碰到每個點。」接著畫出了四條直線，然後說：「四大真理正是筆直線條般的思路，而且一條接著一條，之所以有四條，是因為只要透過這四條真理之線，就可以解除這九項障礙。」馬胡納聽得一頭霧水。庫瑪繼續說道：「這不只是一個圖像，還是一則謎題。我們就來試著解謎吧：

你是否能以四條直線一次連結九個點，毫無中斷？」

如果第一次接受挑戰，剛開始可能會帶些興致多方嘗試，試了片刻後發現僅靠四條線根本不可能，忽然某個時刻又突然「靈光乍現」地尋得解答，而且可能還因為簡單的解答而大吃一驚。這種「靈光乍現」的關鍵就在於解答往往在出人預期時浮出抬面，好似驚喜突然從天而降。儘管嘗試未必能成功，但是這功夫卻十分重要，試著克服挑戰是關鍵，因為當心智活躍時，解決之道自然從中而生。

所謂的創意是運用心智針對熟悉的事物激發波動，孕育出原先稱不上存在的新意。發揮創意人人可行，關鍵就在透過行為的改變，讓心智多活躍伸展。

庫瑪悄悄話：僅僅十二個音也能交織成天籟，單單五種顏色也能使世界繽紛！

✦

我們在前幾頁談到了活動就是生命和存在的一部分，對於創意更是活不可缺。轉化蛻變和穩健執著並無衝突，反而相輔相成。

冬天再度降臨，薄薄白雪覆蓋了結凍的土地。馬胡納向庫瑪問道：「大雁都南飛避寒去了，我們這些能適應寒冷的動物比較厲害，不是嗎？」庫瑪說：「親愛的，你認為是你自己決定生來沒有翅膀，所以必須苦苦撐過寒冬嗎？而大雁難道又是自願沒有厚暖的毛皮，好展開艱辛的南飛之旅？」

無論是哪一種武術運動，頂尖高手絕對不會朝對手直接使力，因為他要用更強大的力道擊倒對手，所以反而更常移動以適應對方的一舉一動，刻意讓對方出擊時力道落空，借力使力般伺機出擊。如此善用轉化蛻變，就算以小博大也可能戰勝。面臨的挑戰如果超過自己所能，就可以借用上述武術高手的技巧，才不會像個傻蛋或孱弱的老人般吃苦。

無奈現在我們面臨的狀況往往讓人難以招架。例如為了維持家計而被困在工作的牢籠當中，但是高失業率又使自己不敢隨心所為。這時候也許可以直接捲起袖管（同時借助意志力），向上討好，向下踩踏，毫不顧及他人，利用每個機會，處心積慮去欺負弱小，不擇手段。另一種作法可能是任憑他人踐踏利用，自願無償加班，對每個人都卑躬屈膝，一切只求保住飯碗。這兩種方式都有可能讓人保住工作，但同時卻必定會使人感到不自在、胃疼肚痛，而且還會喪失生活樂趣。

針對這種狀況的最佳作法應該是就是從不同角度找出該份工作的優點，以及這份工作自己喜歡的面向。

庫瑪的練習：愛上自己的工作

你是否為工作所苦？也許你的狀況沒那麼糟，不過現在對於工作不滿的人比比皆是，其中多數人的不滿其實並非工作所造成。換個角度來看，如果能夠愛上自己的工作，工作看起來如何將不再如此重要。這當然知易行難，不過常令人驚喜的是，使用秘訣讓工作更具成就感其實大為可行。

運用創意：盡可能在工作之中發揮創意，無論工作是軟體設計或清潔打掃都值得一試。

運用溝通：盡可能與工作上接觸的人完善溝通。

運用冥想：盡可能以冥想的心態工作，也就是避免過慢或慵懶，而是清醒澄透於此時此地。

運用發展：盡可能透過工作成長，將所有的困難阻礙都視為邁向進步的關關挑戰。

運用好奇心：發揮求知的渴望，盡可能接觸與工作和職位相關的所有事物。

運用完美主義：力求盡善盡美，從中培養對於工作的驕傲。

以上只是幾則建議，各位可以從讓自己感到快樂的方向著手，借著「強力茁壯」讓自己從職場受害者搖身成為掌握個人命運的主宰。

大多數的人對於事物已經有了既定看法（例如對於基因改造的科技），而且通常先入為主之後就難以動搖，碰到相似的論點則使得既有觀點更根深蒂固，碰到相反的論點就認定是不可採信、資訊有誤、空有意識型態、過分天真或充滿偏見。

這種偏執的觀念，可說是不切實際，因為人不可能了解一切。該如何維持心智活躍，同時不立即輕信胡言謬論呢？在堅守個人價值的同時，如果能保持心胸開放、接受觀點轉變，便能受益良多。雖然聽起來好似費力難行或看似有所矛盾，其實並非如此。

最簡單可行的作法就是習慣從相反的觀點思辨！不再只是透過論述再三確認、強化己方的理論，而是將衝突的觀點視為己方。面對違背個人觀點的事物，盡可能忍住「想立即反駁」的衝動。如果我們能完全敞開心胸，就像在玩「替魔鬼辯護」的遊戲般，有時候從中所得會令人大吃一驚，會注意到自己原本信念的弱點，而且深思熟慮之後也許能更理解對方的不同觀點，找到更具說服力的論點。透過理解相反觀點的強處和弱處，我們就不會在面對衝突的觀點時無力招架，反而能夠架構出言之有理、基礎堅強的觀點。

觀點具有彈性才有穩固的立足點。只要保持靈活彈性，還擔心容易受到攻擊嗎？而且如此一來還能維持從容自在。

在人際關係中維持觀點靈活格外有益。各位應該很熟悉「第一印象往往最重要」的常見觀念，雖然的確可能如此，不過就算第一印象「往往」決定了對方的看法，但是「往往」不等於「必然」，況且第一印象也可能有誤。儘管人的直覺常常正確，卻未必絕對，有時候也只是「當下的」正確。如果事後不願意承認自己被直覺所騙而依然緊抓不捨，等於成了受制於第一印象的奴隸。

真的有必要執著於直覺嗎？如此執著對自己有何好處呢？反而因為浪費生命而少了充實經歷見識的種種機會。如果能在人際關係中培養出轉化、蛻變的能力，必會有新的收穫。根據第一印象而來的判斷其實對錯參半，人是多元複雜的，很難單憑一次接觸就能得知，因此應該要逐漸熟識。

要擺脫第一印象的影響並不容易，不過針對這點其實也有個簡單小秘訣：我們都知道，哪怕一個人的言行再負面，必定也具有某個正面的目標，所言所行是為了實踐個人的價值觀。儘管一開始我們未必清楚理解，若是能換位思考，想像自己在對方的立場會作何反應，就有助於了解對方。

假設今天你在某個派對上碰到一個人，擺著臭臉皺著眉、一副醉醺醺地，後來還和你的好友因為宗教觀點而大吵一架。這時候你大概會想：「真是個討厭鬼！」不過如果你又得知這人平常滴酒不沾，當天他獲悉摯友離世，你對他的觀點可能就會有所改變。假設你後來還知道原來他是名醫，平日會替無家遊民無償看診，而且從不口出惡言……這時你就會理解，原來自己受到第一印象的誤導了。

假設你並不知道上述這些資訊，卻依然假想他可能具有的正面特質呢？如此，便可能在別的場合中重新認識他，也許因此真的多認識一個好人呢。

我們永遠無法完全確定自己所知是否正確，有些人會因此感到忐忑不安，覺得自己的立足點不夠穩固，那些「或許」和「未必」令他們忙於灌滿自己的心智，以為如此便不會陷入無知。人類其實有一個長處，就是明白自己有可能犯錯，這點是強項，而非表示屈服的弱項。生活中總是有值得發掘的新事物，處處充滿驚奇，就算在低落慘澹的狀態下，只要知道世上還有未知事物的存在，這就會是一種慰藉，因為我們永遠無法確知看似難以轉圜的狀況是否真的已是窮途末路。

哲學家長久以來一直懷疑，人是否能享有無盡的自由。不過，相信和懷疑就如穩健執著和轉化蛻變一般互不衝突，就像老子、艾克哈特（Meister Eckhart）或斯穆里安（Raymond Smullyan）等謎題大師也正是出眾優秀的邏輯高手。

馬胡納這輩子第一次覺得，執著地朝目標前進有時未必是好事，這種察覺雖然使他感到煩躁不安，卻也同時享受著這種自由，好似擺脫了身上無形的枷鎖。他抱持著從未體會過的謙遜請教著庫瑪大師：「庫瑪，您教會我如何放下僵硬拘束的一面。現在世界之門好像在我面前敞開，我還真手足無措，不確定自己若是一直學習新事物是否也是某種偏執呢？」庫瑪面露喜悅：「親愛的，你真讓我感到驕傲！看來你已經真正明瞭，毫無停歇地改變也可能是一種靜止。穩健執著和轉化蛻變並非反義詞，而是一同翩翩起舞的夥伴。」

學習就是一種轉化蛻變。人人都明白學習象徵著改變，不過多數人卻低估了改變所產生的影響。所有我們吸收運作的新事物都會改變自己對於世界的認知，所謂的「吸收」不僅僅好似錄下影像，而「運作」也不像運作中的電腦。錄像設備和電腦在錄影和運作之後毫無改變，人類卻有所不同。

這些改變有時候當然難以察覺，因為改變是靜悄悄地逐漸展開——雖然各位可能記得曾有過某個戲劇化般的學習歷程，也許在短短時間內自己便有所改變，例如第一次失戀帶來的成長。不過有些經歷帶來的甚至劇烈到能完全扭轉人對於世界的認知：那些曾經頓悟覺醒、曾在死門關前走過一回、曾經大病不死的人，便常常經歷這般巨大改變。

有些改變可能比較容易察覺，例如孩子的成長。孩子透過耳濡目染和模仿就能將語言學習上手，不正是神奇的事實嗎？

學習對人帶來的最深改變在於大腦，感受、視覺、記憶、思想、感知等等都是大腦中的神經反應，是神經迴路的運作，人在學習時會分泌出化學物質以加強神經連結。如果重複某種特定經驗，也會產生個別的神經連結，即建立起新的神經迴路，這正是習得事物時大腦的變化。

接著，這些新建立的神經迴路若是不常運作，很快就會在大腦的神經叢林中縮小荒廢。如果能經常受到使用，神經迴路則會變得像「高速公路」般，其乘載的思想、感受、影像和感知便能順行無阻。

學習改變我們的內在，因此不願意改變等於封堵了學習之路。

庫瑪悄悄話：想向天下宣告某個非常明白易見的事實，恐怕還找不到。因為所有的一切都是由人假設推測交織而成。

⚜

以上章節說明了轉化蛻變中極其重要的一環，就是學習能力，而且學習會改變人以及大腦運作。學習的先決條件在於轉化蛻變，換言之就是要先擺脫原先觀點的限制，去除心智盲點，好迎向世界的複雜多樣。越是以寬大的心胸面對世界，越不容易因為這個世界而陷入忐忑焦躁，反而更可能從中尋得內心平靜。

輕言承諾往往難取信他這個世界提供的機會無限又多元，完全超出人的想像，我們甚至連可能的想像都說不準。

每個人都具備一種本能動力，就像對於溫飽和性愛的渴求一樣：追求心智性靈的成長。人的心智生來就不斷在追求意義、理解，以及嶄新的契機。心智性靈的成長是人類數一數二的生活主軸。在生物學上，也可以看見人對於學習的渴求。人類（和其他生物相比）更能替這個世界建立各種意義和道理，也更能消化、理解這些道理。世界原本充斥著巧合和混亂，瞬息萬變，人類的作法等於帶來強而有力的優勢。越是能認知到新事物的存在並且對此敞開心胸，心智活動的空間也更加充裕寬敞。換言之，越擅於轉化蛻變，等於擁有更多自由。

同樣的道理也絕對適用於求職上：具有的知識能力越多，越容易尋得工作。其實在尋求充實的人生上也一樣，只不過此時重點在於是否懂得生活——越是認識世界、認識生活、其他人，越是了解自己，越可能順利找到人生的定位。

轉化蛻變的秘密關鍵，就是要讓心智維持活躍，並且維持心智的平穩運作，取得內外平衡。而第一步當然就是要和自己和諧共處。

一般人會左右為難常常是因為自己，想著某件事，又放不下另一件事。歌德就曾表示：「唉呀，我的心裡住著兩個靈魂共存，而且還想遠離彼此……」多數人的體內甚至不止兩個靈魂。無論究竟有幾個靈魂，卻終究也是自己。換句話說，所謂的「我」其實都是內在各個自我綜合而成的總稱，當這些自我彼此抗拒不合作時，人便會感到自我衝突，好似東缺一塊西缺一角的感受。舉個例吧，享樂主義的你可能鼓吹著自己：「來一小杯酒吧，一定棒透了！」嚴謹派的你又會立即阻擋：「怎麼行！還不快開始手邊的工作！」聽到腦中這兩種聲音，壓力不免油然而生，而且這兩個（甚至更多個）自我偏偏就是不願意彼此合作。

其實這些自我內部的溝通不良很正常，每個自我抱持的目標都有其正向目標（哪怕是偏向黑暗面的自我），可是處於中心的大我在調整這些正向目標時有時候腳步慢了些（所以有些成人還會以幼稚的行徑博取他人注意），或是無法在各個自我當中做好調停的工作。

這種情形就像大型公司的運作：員工之間溝通越是良好，越是了解自己和個人職責，公司的運作自然越順利成功。同樣的情形可見於人人都擁有的「自我公司」，公司的組成份子就是不同面向的自我。

以下三項準則有助於加強內在的自我溝通：

1. 一視同仁地對待每個自我，因為他們的目標其實都自有其正向情理。
2. 如果你不認同某個自我的正向目標，想要加以壓抑，就會造成內心的衝突。
3. 就內在衝突尋求解決之道時，也該顧及如何創造機會落實其他正向目標。

理想的狀態是讓所有自我能合作無間，不再受內在衝突所苦，這樣除了能安心，還能憑內心力量克服外來的挑戰，創造更多新機會。

進一步認識自己絕對能使人受益匪淺，每一個自我都各懷絕招，各有見地，也能提供不同的契機和快樂，所以何不和這些都是自己人的分身交個朋友呢？

庫瑪的練習：站著也能動

佇立不動其實不太實際，因為就算站著不動，肌肉也都分分秒秒在努力維持平衡，只不過我們沒有意識到而已。只要能調整自己的意識，就可以透過身體感受到平穩和諧的運作活動。不妨試試以下三項簡單的活動：

1. 闔著雙眼站立：動作雖然簡單，卻足以讓人體驗到外部的穩定取決於內心的平靜。
2. 完全平衡：盡可能放鬆站立，唯一積極運作的只有維持站姿所須的肌肉。慢慢將一邊的手臂朝側方舉起，其他部位的肌肉都盡量不使力。成功了嗎？成功的話請再重複進行，同時留意身體狀態。其實如果其他肌肉不配合平衡，你恐怕會跌倒，因為舉起手臂就等於改變了重心。
3. 大樹式站立：這個動作來自哈達瑜伽，特別有助於加強內心平靜，好似在靜止中活動。請先單腳站立，將另一隻腳的腳掌置於大腿內側，將大拇指收合於食指，掌心向前的同時稍稍將手臂朝側方舉起。維持這個姿勢至少一分鐘之後再換邊進行。

平衡的形式有千百種。以倒在地上的腳踏車為例，這時候的腳踏車橫躺在最低的位置，不可能再倒得更深，也失去了功能。我們若扶起腳踏車，讓它靠著兩個輪胎平衡，或許辦得到，不過一個小小的外力就可能破壞它的平衡，使得腳踏車應聲倒地。相較之下，行駛中的腳踏車就穩定多了，它的行動幫助了它的平衡（而不是妨礙它的平衡）。行駛不僅能使腳踏車處於穩定平衡的狀態，更重要的是讓它發揮了功能（它存在的意義）。

一個人如果只希望平穩如同癱倒於地的腳踏車，等於放棄了自己，放棄了追求人生的意義，任憑生命隨波逐流，朝著盡頭漂浮，一切都在倒數計時。如果我們追求有如行駛中腳踏車的平衡，可能會費力守護著所有，且不斷謹慎留意，免得失衡倒地。在這種情況下，若就替自己的生命注入更多活動力，就可以察覺到自己的人生因為轉化蛻變而更豐富，開啟了更多可能，也更加充實。

庫瑪深信轉化蛻變的力量：

柔可以剋剛，
妥協比固執能走更長遠的路；
放下也是一種堅守，
本質從未改變，
因為生命本就時時刻刻都在轉化蛻變。

庫瑪的秘密：

從容自在。對事物不要過度在乎，尤其不要給自己太大的壓力！
緩緩慢活。急急忙忙難有快樂。想抵達目標就繞遠路走！

穩健執著。有始就有終。一開始就要追隨自己的心！

轉化蛻變。妥協放下，轉化蛻變，彈性柔軟，如此縱使跌倒也能再起，且能守護真實自我！

本章的活動解答

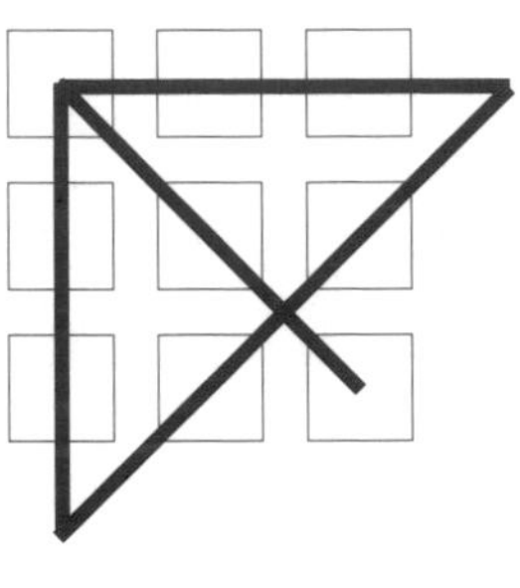

五、簡單知足：讓滿足快速又容易的秘密

第五次賽跑

兔子夏沙卡在洞穴裡躲了足足兩個星期，因為每次和老烏龜比賽總是落得慘敗，令他丟臉又慘愧。不過漸漸夏沙卡又野心勃勃地想和庫瑪大師一較高下，庫瑪也一如以往滿臉笑容答應出賽。她說：「我們這次把賽跑距離拉長吧，這樣你如果碰到什麼意外還有機會彌補一下。」夏沙卡睜大了雙眼，因為他本來就想這麼提議。於是兩人說定，隔天早上賽跑的路程要跨越三座山頭，經過綠地草原和岩壁深谷。太陽一露出臉，第五次賽跑就這麼展開。

夏沙卡很快就遙遙領先，既不睡眼惺忪，也沒有壞天氣攪局，既不分心，也沒有河流從中作梗，就這麼跑啊跑。越過三座高山之後，他因為口渴而尋找水源，找到的水清甜沁涼，夏沙卡忍不住一口接著一口的喝到肚子鼓脹得快碰著了地。他繼續拉開步伐向前跑，肚子裡的水就這麼左晃右搖地，他只好大幅放慢腳步，儘管如此卻依然大幅領先。來到綠地草原時，一陣多汁的青草香撲鼻而來，夏沙卡不禁想著那青草咬在嘴裡該有多可口，來一小撮當點心總不礙事吧！他東咬一口，西試另一種，然後又回頭吃了幾口頭一種……就這麼吃啊吃，吃到再也塞不下一絲青草。這時候夏沙卡已經覺得有些反胃了，不過鋼鐵般的意志卻強壓著他繼續向前。他越跑越慢，越跑越費力，只能一邊告訴自己：「只剩岩壁深谷這一關了。」跑到了陰冷死寂的深谷，夏沙卡的肚子卻疼痛不已，還沒跑過一半的深谷就失去意識昏倒在地，過了半天庫瑪才發現他，並將他背出了深谷。

庫瑪就這麼一路簡單知足地克制著自己的欲望，贏得了第五次賽跑。

誰不希望什麼都有？各位應該也有一些願望吧（不管是務實的還是不可行的）：理想的工作、關懷無微不至的伴侶、健康的身心、可靠的朋友、湖畔別墅、超級好車或是乾脆中個大樂透吧……如果有人真的快快樂樂卻毫無心願，那恐怕是天下一大奇事（也是天下一大樂事）。生而為人，我們的天性會想像美好的事物，當然也不甘願讓這一切僅存在於想像，總會希望美夢能成真。

人一旦比較自己所嚮往的和實際擁有的，自然會注意到其中的落差。這樣的差異當然並非什麼好消息，只會讓人覺得有所匱乏。

小豬瓦哈力覺得有些不滿足，其實也從沒真正感到知足過。他從朋友田鼠比奇那兒對庫瑪有所耳聞之後，便找上門去向大師埋怨：「世上的好東西這麼多，我閉上眼立刻就可以想像那整堆松果中混著一點松露和田菜根……嘖嘖，還真是人間美味啊！」瓦哈力說得眼神閃閃發亮、口水直流，不過接著又難過地垂下豬鼻子說：「我從來都沒能美夢成真！」庫瑪笑了笑回答：「唉呀，想像這般不愉快的事情，的確很難受呢！」

不愉快？想像美好的事物怎麼會不愉快呢？想著美好的事物做做白日夢剛開始當然是樂事一件，麻煩的是，我們只要一「張開雙眼」，很快就會發現自己其實缺乏了那些一心夢想的東西，然後種種想像的美好幻影往往就帶來不愉快的感受。

這樣不是很討人厭嗎？種種的美好在內心栩栩如生，但是回到現實後全都無影無蹤！人處在這種狀況下就可能：

- 感到難過沮喪
- 繼續閉上雙眼逃避現實
- 不計代價地將想像化為現實

這些代價都令人卻步。有誰會喜歡難過沮喪呢？逃避現實常會引發許多問題：

就像閉著眼睛穿越交通繁忙的馬路，閉上眼逃避現實也危機重重。至於努力將想像化為現實呢？這種作法畢竟看似最可能美夢成真，因此正是大多數人的選擇。

選擇「不計代價將想像化為現實」這條路，倒是有一個問題：如果夢想和真正的需求不一致，這樣我們還要不計代價地努力實踐嗎？

如果面對每一道可口佳餚都想要大啖一番（就像小豬瓦哈力），很快就得面對一連串的身體不舒適，而且肯定很快就肥了一大圈。

不過，大多數的問題其實不像減肥這般顯而易見。

卡爾想要一輛新的保時捷。保時捷帥氣卻也不便宜，不過卡爾已經打定主意為此努力工作。兩年之後卡爾買得起夢想中的保時捷了（看來他薪水不錯），對於愛車的幻想激勵了他辛苦工作，最後終於美夢成真。

故事就這麼簡單，不是嗎？

不過卡爾夢想的究竟是什麼？只是神氣的好車嗎？或其實是保時捷象徵的外在特質、羨慕的眼光、性吸引力？若是如此，他編織的美夢恐怕只不過讓他整整兩年都在目標錯誤的狀況下辛勞奔波。保時捷絕對是超級跑車，但是卡爾卻不會因此變得性感迷人、值得羨慕或更受歡迎，而且恐怕也不會因此更快樂，頂多開心一個星期而已。

任由欲望牽著走未必是好事。就算夢想值得追求，激勵我們奮力向前，邁進的方向也未必是真心所嚮往。

瓦哈力一頭霧水地嘟著豬鼻子問道：「庫瑪大師，您的意思是這些好吃的松果和松露讓我……嗯……」他邊說又邊口水直流「讓我作白日夢？是啊，我真的是很想要大快朵頤一番，就算是想想也過癮！您的意思是我應該克制一點嗎？」庫瑪回答：「唉呀，親愛的。夢想中的菜餚總是最美味的！」

「沒有任何快樂，比得上預想中的快樂」。

這不僅是德國的俗語，也說明了人腦的運作。我們想像美好的事物時，大腦會分泌快樂的賀爾蒙，使人以為光是想像就這般令人快樂，那麼美夢成真實時的歡樂必定更加數倍。

我們可以做個簡單的實驗來說明。你是否還記得自己某次度假前有多麼期盼嗎？可能假期開始的倒數幾天都興奮不已，想像自己躺在沙灘上曬著日光浴（或是在挪威的峽灣享受幽靜），腦海中浮現了天堂般的景象。不過通往天堂的路絕對沒有如此簡單：人就算跑到天涯海角，最終都得和自己相處。

希望你有藉著那次假期好好充電，享受環境的轉變。只不過，唯一能確定的是，那次旅遊再怎麼美好，恐怕都不及行前幻想中的假期那般完美。

想像越是深刻有力，現實就越顯得遜色無味！人在孤單時對於新伴侶的想像可說是最好的例子。人常常將想像中的新伴侶和快樂的泉源畫上等號，以為下一個人雖然未必完美，不再孤單一人，可以享受親密的關係，然後一起攜手經歷……。不久，同樣的問題又出現了：如果人生伴侶能符合想像當然再好不過，但是對方絕對不會（完全）符合想像，因為想像永遠會勝過現實。

庫瑪試著讓瓦哈力平靜思緒，因為這隻小豬越聽越覺得一團亂，懷疑自己到底能否追求到想像中的美好事物。若不行，難道生活就毫無意義嗎？他問庫瑪：「大師，究竟該怎麼做好？我就是很喜歡幻想著美食佳餚流口水。也許您說得沒錯，想像中的目標總是勝過實際狀況，但是少了想像，我的生活一定會變得很空虛……」庫瑪回答：「讓自己的想像『低調』一點，就能讓真實的目標與旺茁壯。選擇目標時，要確定自己渴求的是目標本身，而非『從目標衍生出來的種種想像』。」瓦哈力聽了先是有點疑惑地眨眨眼，慢慢地，臉上卻漾出了一抹微笑。

達成目標時獲得的滿足感可能超出預期，也可能不如預期。

雖然如此，有一條原則卻值得堅守：想像越豐富，相形之下成真時就越平淡。（這點大家都經歷過，例如想像事情會糟糕麻煩或令人痛苦萬分，不料現實發展竟然真的不如預期——根本沒有想像中的可怕！）

庫瑪的練習：低調預想

最近準備出遊嗎？過幾天是不是要和朋友見面？想去看舞台劇或

去高級義大利餐廳用餐？請闔上雙眼想想這些未來將展開的愉快事情，觀察自己腦中浮現了哪些景象？

現在，將這些想像變得「低調」一點，別讓自己陷入過度美好的想像中。所謂的「低調」，不是要把結果想得很負面，而是把「平常心、適量」當成想像的準則，甚至可以預想可能發生哪些小意外或小插曲。以平常心靜候事情自然發生，不妄自增添想想，敞開心胸告訴自己：「該來的總是會來，雖然不知道會如何發展，但這就是良好正確的心態。」

練習得當，我們不僅能因此更坦然開闊，也能避免種種失望，而且還可能因為現實發展好過想像而更享受當下的美好。

快樂的首要法則：別想太多，行動就對了！

這項重要準則其實還需要補充說明才算完整。行動很重要，遠勝過繞著相同的念頭原地踏步，因為原地踏步產生的海市蜃樓幻想，在現實的風吹撫之下就無影無蹤。如果不知道目標何在，再老練的船長也難以將船順利駛入正確的港灣。

人的目標總是發自於心，不過我們不該任由想像張狂蔓延，人有時候會一時興起發揮想像，讓創意天馬行空，產生遙不可及的白日夢。內心真正的聲音其實並不叫嚷喧嘩，而是輕聲細語道出事實，所以想要清楚理解就必須靜下心。

傾聽內心的聲音吧，問問自己眼中如此值得追求的目標，是否在達成後真的會帶來快樂？換言之，不要任憑想像陷入不具體的極喜狂熱並因此一頭栽進目標，反而應該拉開距離沈澱。

有時候空虛感會蔓延內心。原本充實了心靈的目標已經順利達成，這時候的空虛常令人難以忍受，就像陰暗的黑洞般威脅著心靈。

這個空洞當然總得想辦法填滿：目標頂多只能帶來一時的喜悅和滿足，但是人生還得繼續下去。想像力時時刻刻把我們推向未知的目標，渴望更多同樣的事物，或是追求更多新鮮感。

無論是暴飲暴食、嗑藥吸毒或性愛沉癮，都在這惡性循環中不斷輪迴。很多人的想像還沒成形，就如泡幻影般消滅了，這時候面對空虛只會一再需索無度。

但是傾聽內心的聲音，後果便截然不同，達到真心渴求的目標時不會空虛，而是平靜踏實。

快樂的第二條法則是辨明自己真實的渴望。

我們要做的是傾聽內心，不要任憑我們的心思跟著想像隨波逐流。

瓦哈力慢慢覺得自己似乎有所感悟：原來內心的確會渴望某些事物，不過還有一件事情他仍想不透，於是問道：「大師，現在我了解到追隨內心的重要。不過若已經確立了真心渴求的目標，那麼在預想未來時仍然應該低調嗎？」庫瑪迅速思考了一下回答：「若能尋得自己真正想要的目標，自然就會滿足了。」

滿足可以定義為「得到想要的」，一般人也多如此詮釋滿足二字，然後接二連三想著自己接下來想追求的目標，腦海也同時出現種種想像畫面，一幅幅生動的景象誘惑人心。

不過倒也可以稍微轉變一下觀點來看「滿足就是得到想要的」這句話：人要的越少，自然越容易滿足！

- 安妮塔非常想要成為知名歌手，這樣就可以百萬元進帳，還夢想著能搬進加州馬里布海岸的別墅，並嫁給喬治克隆尼。
- 芭貝特熱愛唱歌，儘管收入不高但是生活過得還行，常慶幸公寓的租金不高，深愛著同為樂團吉他手的男友。

各位猜猜看哪一個人比較感到滿足？答案非常明顯，而且在進一步的發展中也得到了驗證：這兩名歌手都在選秀節目中被發掘，而且簽下了小小的唱片合約。安妮塔對於這樣的好消息嗤之以鼻，芭貝特卻狂喜到九霄雲外去了。過高的期待和「雄心壯志」就這樣抹殺了芭貝特的滿足感。

小豬瓦哈力還有遲疑：「可是我擔心，自己會因為這樣簡單易行的小目標而失去動力。」庫瑪說：「如果目標簡單易行，又何需能夠動搖山河的強勁動力呢？」

許多人擔憂自己會因為目標不夠遠大而喪失動力，就此其實可以從兩個角度切入：

第一個應該提出的問題就是，如果人無法因此感到滿足，又為何需要這些「遠大目標」（例如豪華別墅、名聲榮譽、出眾的工作）？人會為了滿足而追求目標，但是如果其實已經安於現狀、無需外在目標，就算處在某個小漁村也能怡然自得。

第二個重點是，人其實不需高遠的目標，也能夠全心投入。重點在於追求的目標是否能夠帶來快樂並且和價值觀一致。如果是的話，那麼原先的「終點」也將變化為一條「通往終點的線條」，因為歷程本身也就是目標。

卓越的人士除了目標之外，還會抱持一套價值觀，透過人生終極目標發揮這套價值觀。但這個終極目標是否能達成並不重要，成功的定義也無關這個目標是否有達成。這個目標可能是宗教人道的精神（例如德蕾莎修女），可能是對於藝術的熱愛（例如畢卡索），也可能是科技創新精神（例如微軟創辦人比爾蓋茲）。

綠色和平組織創始之際，創辦人心知肚明自己不可能達成這個終極目標——人類不再破壞大自然。儘管如此，他們並未因此感到不滿或喪失動力，因為努力過程和終極目標已合而為一。該組織的發展也令人敬佩：成立之初不過只幾個人，至今已然成為全球知名的重要組織，來自超過一百五十個國家的成員人數高達五百萬，對於生態保育有極大的貢獻。

價值觀和目標之間的關鍵差異在於，價值觀能夠轉化蛻變，因為價值無法「達成」，而是要在生活中實踐。價值觀是言行的基礎，一言一行都是價值觀的體現，而且往往在日常生活中就可見實踐。舉例而言，人在採買衣服是便會以價值觀判斷決定，如果「漂亮」在心中佔的份量最高，下的決定往往便會不同於講求「簡單」、「獨特」或「舒適」的人。

你是按照自己的價值觀生活，還是依據他人的價值觀過日子？前者能使人生圓滿充實，後者則會讓人感到空虛不滿。

下方列出了許多項價值。它們在你的生活中象徵什麼意義？再試想這些價值在哪些情境下會遭受忽視或完善實踐呢？如果某個價值在生活中扮演的角色舉足輕重，你自然會因為看重的價值被輕蔑忽略而深感不自在，也會因為價值的實踐而感到愉快。

冒險　和平　秩序　自由　行動力

團體　宗教　愛名譽　公義　聲望

智慧　熱忱　快樂　外貌　改善世界

活動力　和諧　獨立　友誼　服務

挑戰　安全感　勇氣　誠實　幽默

樂趣　尊嚴　簡單　自我　性靈

愉悅　獨特　創意　容忍　權力

充實　教導　改變　事實　認同

表現　責任　學習　能力

如果能從上找出自己生活的三項關鍵價值，除了有助於減少欲望，還能幫助你找到能全心投入的真心目標和前往的道路。

> **庫瑪悄悄話**：簡單知足就能免於不必要的牽絆。唯有在這樣的自由之下，人才可能追隨自己的心，踏上旅程。

在此簡單整理一下前面的論點：我們心中先產生欲望，接著想像的畫面一再保證會帶來快樂。想像加強了欲望，因為預想會帶來快樂，大腦分泌了快樂賀爾蒙，使我們因此被誤導。然而，預想中的快樂只不過是最後欲望得到滿足時的微弱投影罷了。可是以上的現象會使人迫切地渴望達成願望，這麼一來，反而容易因此忽略了這些欲望的真正價值。正因如此，現實與想像的落差才常常令人深感失望。

想要快樂就要掌握兩大原則：首先要避免陷入遙不可及的癡夢妄想，否則只能等著失望不滿。第二項重點是要尋找出真正能讓自己滿足的事物，堅持追求下去。滿足指的是「得到想要的」，欲望越少，自然就較容易感到滿足。然而這可不同於毫無動力地整天癱在沙發上，其實反而相反：發掘自己深信的價值後便能探索如何朝目標邁進。

小豬瓦哈力和庫瑪談談之後，變得知足快樂許多，偶爾感到缺乏安全感時，也會再向大師請益。有一天他跑去找庫瑪說：「我找到了一大堆好吃的食物，現在的我不向以前那麼貪吃，可是不知怎麼的，卻因為這些山珍海味而忐忑不安，整個早上都忙著找地方把美食藏起來。」庫瑪搖搖頭回道：「親愛的，你的心一直受那些美食羈絆，學會放下才能擺脫煩惱！」

我們之前討論過了欲望，也就是自己沒有、卻渴望擁有的東西。不過如果已經擁有了，欲望是否就會淡去？

擁有可能讓人心神安寧，有間小房子、自己的公寓或是手頭還算充裕，都能提供安全感，這當然是正面感受。

不過擁有也意味著要付出代價，可能是得努力工作繳房貸，可能因為天災人禍使得資產受損，帳戶裡的存款根本不敵通貨膨脹等。因此，擁有也象徵了負擔。

詩人摩根斯坦（Chrstian Morgernstern）曾說：「世界上沒有『不具生命』的物品。每個物品都在表達生命，不停發揮作用的同時也會有所要求，它們好似活生生的。人擁有的物品越多，就必須填滿更多的要求。我們享受物品帶來的好處，也得相對回饋、服侍這些物品。在人與物的關係中，人反而更常淪為物的奴僕。」

摩根斯坦這段話意味著，「所有物」其實也會反向佔據主人的心靈，特別是在分離的時刻：如果向根本不需要的物品揮手道別呢？如此心靈會獲得自由，有更多能量和餘裕留給真正重要的人事物，生活會變得更舒坦，從真正屬於自己的事物中獲得喜悅，日子更為自由且生意盎然。

各位擁有的物品絕對超過自身的想像。就算投入大量時間和心神去計算，恐怕也無法完整細數所擁有的一切，說不定光光一個抽屜內的物品就讓人算得眼花頭疼，這些難以計算的物品象徵了我們渴求的世界和物質欲望。

然而在現實中，這些不再使用的物品就像破銅爛鐵。如果能夠擺脫去除，生活便會頓時輕鬆，因為已經沒有任何不需要的東西了，這正也是簡單知足的第一步。

瓦哈力似乎有所理解了，因為自己的心思真的整天都繫在那些「寶物」上，而且都不是正向的念頭，說到底就是擔心失去那些美食，所以一直擔心著藏匿處是否夠隱密。瓦哈力靜下心想想，自己其實根本就不需要那些食物，因為明明飲食無虞，而且也戒掉了貪吃的習慣（除了一兩次貪嘴了些）。儘管想通了，他卻還是感到困擾：「大師，您說的很有道理。我的心一直受縛於那些食物，我也希望能擺脫羈絆，卻不知道如何是好？」庫瑪回答：「多多贈予他人，自己保留少許。感受分享的快樂，同時也減輕自身的負擔！」

擺脫不用的物品可以換來輕鬆自由，因為無論使用與否，人一切的所有物都會

存在於潛意識中，如果能多釋放出一些心靈空間，自然能保留更多餘裕給美好的事物。整頓出的新空間，不必再掛心於無用的事物上，生活將更為簡單輕盈。下決定更明快，便會讓時間更充裕，有更多心力探索新事物，自然也會有更多契機應運而生。更重要的是，這些自己不需要的東西也許能夠替他人帶來莫大的快樂。好好開始「整頓出清」吧，不再喜歡也沒興趣閱讀的書籍、從未穿過的衣服、老舊的電器用品、佔位礙事的家具等等……

有些東西大可以直接扔進垃圾桶；有些東西則可能因為會造成浪費或還能使用，讓人難以斷然丟棄，這時候就必須自我提醒：保留這些東西根本毫無道理，只會讓自己的生活空間成了垃圾堆。

自己不再需要的物品也可能大受他人歡迎。

• 世界上有許多人無力購買新衣物，因此許多慈善組織提供了捐贈舊衣的服務。

- 經濟能力困頓的人可能樂於接收老音響或狀況良好的家具，也許你的生活中正有一些不需要的老舊東西。許多廣告頁面中都可見「免費贈送」的資訊。
- 公立圖書館或許願意接收舊書，善加利用就能在擺脫負擔的同時替他人增添閱讀選項。

捐贈或丟棄對於自己已無價值的物品自然不難，不過並非所有的東西的價值都容易衡量，有些內在的價值無法用市價來估算，尤其是蘊藏著回憶的物品，可能就是金錢無法衡量的無價之寶。有時候物品甚至可能因為深具特別意義，彷彿內化成自己的一部分，正是我們常說的「深存於心」，物品和心靈的連結緊密難分。不過，我們珍視的真的是物品的價值嗎？還是物品象徵的回憶和情感呢？接下來的練習有助於了解，物品之於心靈究竟有多密不可分？

庫瑪的練習：面對珍寶，學習割愛

這個練習乍看之下十分簡單，就是送出物品。不過難的在於要送出的是自己捧在心頭的寶貝。

要送出的物品未必昂貴，接收者是否喜歡這個物品也不重要。這項練習的重點在於：要送出的東西必須是自己珍視的物品。要能做到可能極其困難，因為一般人在這種狀況下會想盡辦法抗拒：「嗯，晚點再說吧。」或甚至直接拒絕。常常有些物品，在考慮是否要送出的的時候，它在心中的份量突然遽增，因為人很自然會竭盡心力守住物品。不過，如果你能在這項挑戰中成功，恭喜！代表你已經朝自由邁進一大步！

瓦哈力再次拜訪了年邁的庫瑪老師，說道：「大師，擺脫了不需要的東西後，我覺得輕鬆許多！現在困擾我的是，如果不教導他人簡單知足的重要，反而害了他們。就拿松鼠娜娜來說吧，她貪心地挖了個地洞，藏了一大堆堅果，現在卻怎麼也想不起究竟藏在哪裡。這種貪婪和愚笨難道值得鼓勵嗎？我可不認為。」庫瑪莞爾一笑，深深凝望著小豬的黑眼珠答道：「你想要教導娜娜簡單知足的道理，實在很好心。不過，飢腸轆轆真的能讓人有效學習嗎？以身作則就是在傳授教導，良善的心性就是最好的佐證。」

簡單知足地生活，不再受限於次要的事物。

這和處處自限完全相反。人生會因為減量而更加豐富，因此享有更多的自由、空間、滿足、喜悅，而且腳步輕盈。

人會因為「心無所求」而感到輕鬆自由，因為「無所有」不同於抗拒欲望，也不會使人心有不悅、苦苦自律、煎熬難受。簡單知足的秘密其實並不在第一時間就抗拒克制，反而應該反向操作：如果能減少欲望，要抗拒克制的項目自然減少，生命因此能更豐富滿足。

人在這種狀態下，心靈有了更多空間，就能釋出更多的能量，以便應對真正重要的事件。住在豪華公寓可能會使財務捉襟見肘，導致生活天翻地覆；如果住在簡樸的公寓，發生同樣問題的機率較低。自由帶來的力量能使人身心愉快，有助於心智成長和維持健康。

人在自由的狀態下也更能善用潛能實踐夢想，成為真心渴望的自己。

庫瑪悄悄話：不需要的就捨棄吧。這不是失去，反而能有所收穫——心靈免於不必要事物的羈絆，自然會因為重獲自由而有所成長。

以上章節談到了「擁有」的欲望。擁有的物質會佔據心靈的空間，所以若能捨棄一些物品，不僅不是失去，反而會因此有所得。要立即做到當然不容易，因為我們的心和物品常常密不可分，但是如果知道將這些其實自己不需要的東西割愛送出，他人可能因此快樂歡喜，實行起來便容易多了。這種「心無所求」的境界不僅有利他人，自己也能從中受益，好似施打了未來面對逆境的預防針。

「娜娜開心得不得了！」瓦哈力再次碰到庫瑪大師時說道：「其他幾位朋友也

因為我的那些珍寶美食而受益。我現在終於體會到助人為快樂之本。無奈世界上還有這麼多人仍然在受苦。」庫瑪點了點頭：「是啊，能做的還很多呢。只要仔細觀察就不難發現，自己和世界其實都彼此聯結。」

各位讀到這裡，也許已經了解簡單知足就是生活豐富的秘訣，每個人都能夠因為知足而有所得。不過，簡單知足帶來的正向力量不僅止於個人生活，因為除了益己也能夠利人，我們世界需要的幫助也日益增多。

這個世紀以來，人類毫無止境的欲望增長和日益貪婪的胃口造成了日漸增加的天災人禍，人口數量同時也日益攀升：一九六〇年全球人口超過三十億，之後短短十四年間便成長了十億，到了二〇〇〇年已經攀升至六十億人，今日的世界人口數竟直逼八十億人，平均每天都多二十萬人。

其實地球足夠讓人人都能夠平和滿足地生活，可惜部分的人卻被無邊無境的慾望推著走，導致許多令人難以置信的現象：

每三點六秒就有一個人因飢餓而死，等於每分鐘十六人，而其中有十二人是兒童！食糧短缺每天造成兩萬四千人死亡，等於每年八百萬人。現在正有八億人口受苦於飲食匱乏。但是糧食明明十分充足！光就這點不正說明了簡單知足的重要？

深不見底的慾望不僅使得人類飽受苦難，同時也對地球上大多的生物造成了傷害。隨著人類數量的不斷攀升，其他生物的數量卻只能無奈減少。

二〇〇三年時就已經有一萬兩千種動植物被列為瀕臨絕種的高危險群，時至今日，已經多至一萬五千五百種，而這些被列為高危險群的動植物還只是學者和大眾知曉的種類。每一秒鐘就有約三種動植物因為雨林濫伐而永遠消失，部分原因和全球人口暴增相關。直至十八世紀前，每十年大概只有一種鳥類或哺乳類絕種，之後的一百年每年約消失一種，到了今日則估計約三萬種（精準數目不可能得知），而且學者表示是大規模的滅絕。古今歷史上發生過五次這般的災難，例如恐龍就在六千四百萬年前因此消失於世。現在我們可能正面臨著第六次大規模滅絕，只不過身為人類，我們不是受害者而是加害者，地球面對的變化速度更是每日升高。

饑荒、氣候變遷和物種大規模絕種等問題的罪魁禍首其實並非人類，而是人類欲求不滿的貪婪。貪婪也稱不上是什麼罪，比較像是犯了錯誤——許多人誤以為生活奢侈浪費才能更快樂滿足。身在先進國家的人常認為奢侈就是生活常態，這就是富足國家的主流文化。我們先是大口吃喝到肚子快爆炸，然後又嘗試千百種厲害的減肥法，好平復安慰一下自己。我們以各種邪惡無邊的方式污染水源、土地和空氣，導致氣候變遷，洪水奪去人命，健康因土地污染受到威脅，又或因為颶風肆虐而驟失家園。人類將河川改道、濫伐森林，發現生活受到影響時又轉而砍伐熱帶雨林，而且快速到若是持續下去，不出短短幾十年，雨林將在地球上消失。我們既然發現物質氾濫的生活帶來了種種挑戰，現在更應致力於保護環境和氣候，放棄奢華，盡力讓汽車更加「環保」，同時也進行垃圾分類。

無論你我或這個世界都不乏繁榮富足，也不缺奢華或物質，少的是簡單知足的哲理。「有時候擁有的越少反倒更加富足」，這個道理正能使世界更平衡美好。

你我每一個人都能有所貢獻，並從中受益。

小豬瓦哈力又登門拜訪庫瑪，這次他含著淚水說：「世上的苦難真多。到底是怎麼回事？我實在不忍看下去了。」庫瑪溫柔地表示安慰：「親愛的，諸多苦難看了的確難受。」瓦哈力問道：「但是我又能怎麼樣呢？我只不過是一隻微不足道的小豬……」庫瑪笑了笑回答：「你已經有所貢獻了，親愛的。」接著丟了顆小石頭到湖裡說：「你瞧，這個石頭只不過觸及湖水的一小點，但是產生的波浪卻波波相連到湖畔。」

仔細觀察這個世界的現況，不難理解為什麼不少人抱以悲觀絕望或宿命論，難道一切不都為時已晚？

將自己的周遭生活打造成正面的世界，永遠不嫌晚

每個人都能貢獻己力，將自己周遭的生活打造成一個美好、正面的環境，並從中獲益。

稍早提到的綠色和平組織可能是最聞名全球的環保組織，從創立初始的幾個成員到影響國際的組織，只不過幾年的時間，也改變了人們的認知。這樣憑少數人力量改變大眾的例子當然不僅止於綠色和平組織。國際特赦組織、無國界醫生、德國SOS兒童村等一開始都只有幾個人的力量。

究竟你我又可以如何努力呢？選擇用耗油量較低的車輛，不浪費水資源，不日

日夜夜燈火通明，不將冷暖氣調到太極端的溫度等。這些都是小小的實際行動。要改變人的認知當然需要更深遠的行動，不過重要的是先改變自身的認知。

節省電力、汽油、水等種種資源固然好，但是更高的境界是改變認知，不要把簡單知足視為某種道德義務，而是把它看作是收穫與平靜的力量，因為認知的改變具有感染力。

若有一個節約用電且努力垃圾分類的人，但他對生活總是不滿，還老是好為人師地以道德對外說教，這樣產生的影響力絕對不及簡單知足的人，因為簡單知足的人，在內心擁有自由、愉悅和滿足，他會自然散發出光芒，無需言語便說明了一切：擁有、浪費和奢華不會帶來快樂。

每個人都渴望滿足、快樂並內心平靜。安然平靜的人所言所行必如小石頭，丟進湖裡，儘管接觸到的不過是湖水的一小點，但是卻能激起了漣漪作用。

庫瑪悄悄話：別因為世界上的種種苦難而感到絕望。培養簡單知足的生活態度，你便能讓世界變得更美好一些些。

這個世界因為人類的貪婪而深受磨難。擦亮雙眼，你就會發現原來有如此多的破壞和苦難。不過如果仔細觀察，也會了解每個人都扮演著重要角色，只要能變得簡單知足，世界也會跟著改變，而且靠的不是諄諄教誨，而是以身作則讓他人發覺並明瞭：簡單知足既非道德教誨，也不是苦苦自律，而是快樂和收穫的來源。

瓦哈力又去找庫瑪：「大師，我要怎樣做，才不會老是想著『我要如何做才好』？現在，我不再貪心，我也察覺到自己能夠促成改變而感到快樂。但我有時候仍會對自己或這個世界感到不滿，我覺得自己還應該做些什麼……」庫瑪搖著頭大笑：「我、我、我……太多我了！」

我們已談到對於物質的渴求，人也的確能夠因為擺脫對於身外之物的貪婪，減少因為擁有過多所產生的束縛，內心更為滿足平靜。

如果光是擺脫物質欲望就能帶來如此顯著的改變，少了心靈束縛又該多麼快樂。要更進一步接近簡單知足的核心，就在於了解名譽聲望、各種義務、成就肯定、觀點成見等種種渴求，其實比物質欲望還更羈絆人心。

但是還有一項事物，會產生最大的羈絆牽制力道：自我！「擺脫自我」乍聽之下也許奇怪，甚至令人吃驚，不過接下來我們就來看看，這些會束縛心靈的恐懼、擔憂和成見。

瓦哈力現在一點勇氣也沒有，因為有太多讓他恐懼的事情了。於是他請教庫瑪該如何才能戰勝恐懼，大師答道：「親愛的，你其實還沒克服欲望啊！」

把恐懼和擔憂從生活中除去

幾乎每個人都會因為一些事情感到擔憂或恐懼。要擔憂的事情永遠數不完，生活本來就有許多事情好擔心，不是嗎？

仔細想想這些擔憂和恐懼，是否其實可以帶來優勢、快樂和美好經驗？想要甩掉種種負面念頭和感受帶來的痛苦，也許比想像中的還容易。

擔憂未來、擔憂失業，擔憂深愛的人或自己可能生病、孤獨，又或是擔憂受到他人拒絕……人一輩子都離不開擔憂二字，而且要擔心的理由還很多。

擔憂達人當然會立刻說：「話是沒錯，可是我擔憂得很有道理呢！難不成要什麼都不管，好像世界太平一樣？」一切不聞不問當然不對，視一切都完美無瑕自然也是極端作法。

請各位好好思考一個問題：「擔憂有助於達到目標嗎？」擔憂是否有助於發展呢？深思一番之後，想必你的答案會是否定的——毫無幫助。

其實恐懼和擔憂反而可能使得情況惡化：恐懼擔憂讓人不愉快，所以反而使現況更糟；對過去也毫無幫助，因為現況到了明天也將成為過去；對於未來也沒有益處，因為負面想法往往會帶來負面發展。拋開大大小小的煩惱吧！未來根本並不真實——如果真實存在，就會稱為現在或過去。換句話說，所有我們對於未來的想像其實都是腦中幻象，所以未來的發展難免異於事前想像，也許更好，也許更糟，卻只有經歷了才知道。

庫瑪的練習：踩下煞車，對付擔憂

這項基礎練習對於控制擔憂恐懼的念頭極有幫助。擔憂會伺機潛入人的意識，想方設法地引起注意。好吧，我們就聚精會神在這憂慮之上，先在紙上寫下自己操心的事情，然後在心中大喊「停！」接著讓心思忙於其他事。擔憂當然不可能那麼輕易就撤退，而且常常會再次來襲，這時候就再一次告訴自己「停！」將擔心寫下來（如果已經列在紙上就直接劃掉），同時多想想其他事情。如果能夠維持這個狀態一陣子，那麼潛意識就不再有源源不絕的擔憂可以循環生產，心靈也才有空間歡迎平靜入駐。

擔憂乃人之常情，但要擺脫也並非難事，只要懂得「替思緒踩煞車」通常就能迅速見效。有些時候，擔憂卻也可能變成偏執，有些人的恐懼甚至強烈到生活天翻地覆。根據統計，德國每七個人中就有一位因強烈恐懼而彷如身陷囹圄，這般的恐懼往往已符合疾病定義（也就是就診治療會由健保給付）。

恐懼如此深的人幾乎都不會認為恐懼反映著任何的欲望，反倒可能會表示：「我真的很想擺脫這種恐懼！」然而仔細觀察卻不難發現，其實所有的恐懼追根究柢都在於害怕失去。

要明瞭究竟害怕什麼，有時候並不容易。如果能清楚認知到生理作用和恐懼其實會相互影響，而且是自然的反應，理解起來就容易多了——我們的身體會處於警備狀態，視情況準備逃之夭夭或勇敢奮戰，「恐懼」這種生理反應能夠增加反應速度，刺激肌群作用和賀爾蒙分泌。換言之，恐懼是生物本能既有的生存機制。

現今人類因為處於進步的世界，極少需要擔心生命受威脅，但是恐懼卻並未因此而絲毫減少。這是因為身體只會聽從心靈，當心靈說「小心！有危險」，生理的反應就是恐懼，無論是害怕一隻小小的蜘蛛、害怕人群或害怕失業等等，最深的根源都來自對於死亡的恐懼。反之，如果不畏懼死亡，往往也不太有所恐懼。

這正是簡單知足的最高境界：放下對生命的執著，但是這可絕對不同於想結束生命！而且甚至全然相反——認知到生命終有盡頭反而會帶來更多自由，因此更盡情完全地體驗人生，更真實地做自己。

也許這聽起來有點可怕。

雖然每個人都知道生命終有盡頭，卻往往感覺自己似乎能永生。這種樂觀感受有其代價：我們覺得自己的時間好像還「永無止盡」，好似仍能掌控生命的核心事物。想要不執著於生命，就不能消沈無望，反而應該找尋到生命的意義，開始尋求真理。不思考人生意義當然也能過日子，不過這樣的人生難以充實。如果可以將簡單知足的藝術發揮於渴望生命和實踐其意義，一切都會更輕鬆自在，因為了解為何而活。

在此和各位分享一項小練習，雖然有點悲觀，卻有助於明瞭自己的人生意義：撰寫自己心目中理想的訃聞。當我們做這個動作時，一切次要、不必要或多餘的事物都會消失：此時誰還會想到自己一輩子未曾擁有名車？誰還會遺憾自己沒有多花點時間在辦公室裡？

你所摯愛的人在回憶追思時，想到的會是怎麼樣的你？

有一天，瓦哈力向庫瑪請教：「大師，我們難道不應該勇於堅持己見嗎？我現在變勇敢了，如果受人批判，也會捍衛自己的觀點。」這隻老烏龜笑到眼淚都流了出來：「哎呀，種種看法多到如同海邊的沙。如果能夠成為整片沙灘，又何必自我拘泥於一粒沙？」

人最為執著的，就是自己的想法

有時候，我們甚至會相信，我們的想法就是我們個人特有的觀點。既然是自身看法，自然也就注入了自我認同。但正是這種執念使人慢慢走偏了路。

世界其實出自於人對於世界的想像，我們對於世界如何而成的種種看法，也形塑了我們自身的想像。所以有些人會因為自己的意見遭受質疑而深感恐懼。這點其實非常不可思議。他們一定要堅持自己絕對正確，好似這個世界會因為他放下成見而天搖地動、支離破碎。

可是這般的改變真的足以令人恐懼嗎？所謂的看法不就是認知和現實之間的濾鏡嗎？這個世界複雜到使人困惑，自然需要濾鏡才不會頭暈目眩。人抱持著自身觀點和看法，想在種種混亂中理出頭緒，但是有所釐清也意味著看不清所有的事實。所以有時我們會篤定相信某些事情對自己很重要，有時我們會因為採取了某觀點而感到安穩踏實，結果後來事實卻證明，所謂的看法不過就像戴上有色眼鏡。

人會固執己見是因為恐懼，所以會抱持成見，以便找出可以追循的道理。但同時這卻像遮蔽了視角：也許減少了一點混亂，卻也成為受限的井底之蛙。不執著於習慣，並且維持簡單謙卑的觀點，才會因為實踐了簡單知足而有所收穫。這絕對不是一種失去。

人會感到不滿，其實也源於內心深處對自己的不滿。比較以下兩種觀點：「我很成功，這次的挑戰一定也會順利過關！」和「我真失敗，看來又要跌一跤了。」前者更有助於人走得長遠、步伐輕盈，而且最終順利達成目標。我們看自己的觀點往往會應驗實現，對於他人和這個世界的觀點往往也會成真，所以越是以「正向觀點」看世界，世界自然也變得更美好。

如果希望跳脫出負面的看法和態度，可以試著善用人類獨有的特質：幽默感。如果能夠開懷大笑，就不會固執如牛，更可以試著就個人看法自我揶揄。當然，不要隨便開自己玩笑，否則別人恐怕不會認真看待你。幽默的技巧只要多加練習便能輕鬆平衡。

人不會因為放下己見而墜落，反而能因此展翅翱翔。

放下負面觀點你就會察覺：名譽聲望、自我感覺良好或似乎重要到不行的自我，這一切的意義都會隨風而逝。

成功跳脫「自我」反而能夠找到自己。

面對擔憂、恐懼、負面念頭，你我常緊抓不放且最難擺脫的是己見和自我。學會放手吧，如此才能找到自己並從中獲得安全感。

這就是簡單知足的秘密。

庫瑪深信簡單知足的力量：

永遠忙著渴望，
便從未足夠。
不再有欲望，
就能平靜安然。
平靜安然的心能夠容納一切和整個世界，
然後在平心靜氣中，
得到來自無所求的所有。

庫瑪的秘密：

從容自在。對事物不要過度在乎，尤其不要給自己太大的壓力！
緩緩慢活。急急忙忙難有快樂。想抵達目標就繞遠路走！

穩健執著。有始就有終。一開始就要追隨自己的心！

轉化蛻變。妥協放下，轉化蛻變，彈性柔軟，如此縱使跌倒也能再起，且能守護真實自我！

簡單知足。物質欲望越少，越可能得到渴求的一切！

六、和諧友善：心平氣和待人待己的秘密

第六次賽跑

兔子夏沙卡對於庫瑪產生了莫大的敬意，這隻老烏龜擊敗了他五次，甚至還救了他一命。不過夏沙卡還是希望能贏得一次比賽，這麼一次就好。於是最近碰到庫瑪時，他先是深深鞠了躬，絲毫沒有一點嘲弄，並邀請庫瑪再次一同賽跑，庫瑪也和氣地點頭答應了。這回賽跑依然以老芒果樹為終點，不過由於夏沙卡無法游泳過河，所以庫瑪建議兩個人都用過橋的方式渡河。地平面露出第一道曙光時，第六次比賽也開跑了。夏沙卡專心跑著，沒一會兒就到了橋邊，未料一群猴子聚集在橋邊不肯讓他通過，夏沙卡軟硬兼施，又是開出承諾又是百般威脅，猴子卻依然一臉戲謔地嘲笑他。最後夏沙卡氣得滿肚子火，將一旁最臉帶不屑的猴子推入河裡，一幫猴子馬上群起攻之，又捏又撞，緊扯著夏沙卡的耳朵和尾巴，最後他只能滿身是傷地趁機開溜。過了不久庫瑪也到了橋邊，猴子仍舊不讓路，庫瑪露出友善的微笑，頻頻點頭表示：「好，太好了！終於有人肯幹這件差事了！」猴子突然不再鼓譟挑釁，大聲問道：「差事？什麼差事？」庫瑪回答：「當然是看守這座橋啊！不然還有誰願意呢？你們真是了不起！」她話還沒說完，猴子們就嘟囔著：「誰想啊！」「你不會自己看守嗎！」「我才沒那麼笨呢！」然後左搖右晃地離去。

庫瑪就這樣以和為貴地避免了硬碰硬，靠著和諧友善的力量贏得第六次賽。

令人生氣的大小事情實在太多了，有些是芝麻綠豆般的小事，例如也許有些馬路三寶就算整條路空蕩蕩的也慢條斯理地開著車，這時候就有不少駕駛人會因為看不慣這樣的慢烏龜而想盡辦法對慢車又逼又擠，可是其實再怎麼快也不過只快兩三分鐘罷了。

也有些令人髮指的事情的確令人憤慨不已，例如任何人都會因為孩童兇殺案而痛心。同情被害兒童和家屬並不難理解，但隨之而生的往往還有嚴懲重罰的訴求，使得很多人支持死刑。無緣無故發動戰爭讓人怒火中燒到想要動用巨大武力反擊，好給罪魁禍首一點顏色瞧瞧。無論是富裕國家輕而易舉就可避免的饑荒、不公義、政客貪腐、貪婪的管理階層，又或者是討厭的鄰居毀了我的一天，以上都可能在我們的內心點燃怒火、仇恨和暴力，有時候多種負面情緒也一起興風作浪。

不動怒當然很難，各位可能三不五時感覺自己快氣炸了，雖然這種感覺很不舒服，但是生活要毫無一絲怒氣卻極不容易。多數人也普遍認為儘管動怒不太好，不過在某些狀況下稍稍動怒發狠甚至有所助益。

蠍子拉丹其實人挺好的，但有時卻兇到其他人避之惟恐不及。他對於烏龜庫瑪的智慧早有耳聞，於是便找了一天上門請益：「大師，該怎麼做才不會一下子就怒火中燒？」庫瑪面露微笑卻不發一語。拉丹感到怒氣開始上升，一邊顫動著尾刺一邊說：「大師，您沒聽到我的問題嗎？」庫瑪仍舊啥也沒說，只一臉友善地對拉丹笑瞇瞇的，最後拉丹高聲吼道：「哼，你乾脆被鱷魚吃掉算了！」然後轉身離去。這時候庫瑪笑出聲說：「拉丹，親愛的，別對自己那麼嚴苛嘛！」

動怒時影響的不僅是他人，更是自己

動怒往往損人又損己，有害無益。拉丁格言家普布理烏斯・西魯斯（Publius Syrus）曾說過：「發怒之人在恢復理智後必會自感懊惱。」這句話可說是金玉良言，因為怒氣通常維持不久。人怒火中燒時會產生言語或行為暴力，恢復清晰思考後隨之而來的往往除了慚愧、懊悔之外，還會有另一股憤怒油然而生——對自己的憤怒。接著就赫然發現自己像個傻瓜、笨蛋或甚至成為殺人兇手，呆站在一旁卻不明白事情怎麼就這麼發生，自己又是如何失控的。

這種感受可能每個人都不陌生：一肚子的怒氣沸騰，直衝腦門，這正是人選擇「戰或逃」的過程。人會因為感覺驅使行動，感覺又常常向主人要求騰出空間，正因如此，自我壓抑或迫於情境非得壓抑情感會讓人承受極大的壓力。而人會有怒氣的反應也不意外，畢竟壓抑憤怒有害健康。不過任由怒氣牽著鼻子走卻也不盡理想。所以，不管是藉由言行發洩怒氣，或隱藏自己的情感，都有害無益。

人之所以要學會和諧友善，目的不是為他人，反而是為了利己（而且還可以減少自己脾氣爆怒的機率）。

庫瑪的練習：看穿怒氣

簡單回憶一下自己曾經氣得抓狂的情境，想想當時的感覺（恐怕極其難受），盡可能細細感受怒氣對於身心帶來的影響。當時究竟為了什麼而怒氣沖沖呢？恐怕想不起來吧，繼續想只會傷身體而已。

下次一肚子火時，好好弄清發怒到底是怎麼一回事吧：何時、為何生氣？體會一下憤怒造成的生理影響，例如腸胃、心胸或肌肉的感覺如何。不必特別等到下次大發雷霆，其實小小的怒氣就足以觀察個。練習幾次，就可敏銳掌握自己在怒氣時的感受。

無論面臨何種情境，一定有比發怒更理想的作法，因為人氣得烏煙瘴氣時，大腦的運作會受影響；動了怒就等於放棄了掌控自我的主權，淪為怒氣的奴隸。

後來拉丹經常向庫瑪請益。雖然他現在明白每回發飆抓狂，傷害最深的都是自己，可是卻百般無奈，因為自己就是很容易生氣。於是他提問：「大師，為什麼我明明不想發脾氣，卻總是那麼容易動怒？」庫瑪深深地凝視著拉丹，語帶慈悲地回覆：「親愛的，你在恐懼什麼呢？」

發怒兇狠其實都是因為恐懼

乍聽之下也許令人驚愕，因為我們常認為憤怒和恐懼是相對立的。憤怒產生於大腦中的邊緣系統，所謂的邊緣系統位於大腦下半部，主管了各種重要情緒，包含了快樂、恐懼或憤怒。恐懼和憤怒其實本屬人在面臨攻擊或威脅時的自然反應，威脅太大時就令人恐懼，若感覺可以一戰則會產生怒氣。兩者之間的轉換巧妙迅速，因為我們一旦受到攻擊或覺得受威脅，恐懼或憤怒便油然而生，而自己（至少一開始）往往卻束手無策。

由此可見，發怒不正都是因為恐懼嗎？若是未感到威脅，又怎麼會恐懼或憤怒呢？

對於居住在洞穴裡的人類老祖宗，恐懼或憤怒很重要：畢竟熊或劍齒虎都很可怕。就算有時候我們會用猴子、驢子或豬等綽號來嘲弄其他人，但是人與人之間才能進行心智層面的溝通，才能了解彼此的需求並找尋解決之道，成效遠勝過遠古人類本能的生存機制。

拉丹就庫瑪大師教導的哲理深思許久：原來憤怒的根源是恐懼。他說：「也許是因為心中的恐懼感覺受到嘲笑又未得到關注，才那麼容易怒火中燒。我也試過控制怒氣，但是熊熊怒火總是在胸口燃燒不已。」就此庫瑪答道：「想要將火勢控制在稻草屋內——如此絕對無法防範火災。」

面對胸中熊熊怒火該怎麼做？

該克制壓抑還是偶爾「釋放壓力」也不錯？這可不容易決定。如果憤怒是沸騰的水，而你是壓力鍋，釋出壓力自然是最簡單的作法。可惜憤怒既不是水，人也不是鍋，就算這項比喻能貼切形容感受（人在生氣時往往能感到內在壓力升高），卻依然不適用於情緒處理：火氣一上來就發飆其實幫助有限，對於大發雷霆的自己是毫無助益的。

不過對於批評、辱罵或壓力、焦慮都忍氣吞聲，也絕無好處。雖然人的身體或許不會因此而真的被壓垮倒地，但因為承受壓力而感到焦慮卻也夠難受的了，而且長時間的累積下除了可能造成腸胃不適、心臟問題，心情也必定沉重鬱悶。

如果怒氣湧上心頭卻被緊緊鎖住，結果就會影響自身。有些人從不高聲回話或批評責罵，只一味沉默，對他人從沒有任何暴怒言行，但是這些人卻未必和諧友善，因為怒氣雖然未曾向外發洩，卻會對內加深，隨之而生的不是和諧友善而是緊繃僵硬。

有些人甚至將憤怒壓抑到讓自己的感受都麻痺了，此時會出現的可能是不安、內在恐懼或憂鬱，甚至對自己暴力相向（這依然是使用暴力），而之前也討論過暴力帶來的幫助絕對是零。

這真是個頭痛的難題：釋出怒氣傷人又傷己，但是怒氣向內作用卻也一樣糟糕。或許有人認為，壓抑怒氣，至少沒有傷害到他人。不過或許不該這樣看，因為如果滿肚子火，卻勉強壓抑怒氣，自己被壓得喘不過氣，絕對不會變得更平衡安然，也必定會因此影響他人，因為他的心中懷藏著具有摧毀能力的怒氣，帶來的外在影響也會是負面的。

拉丹想想大師說的話，覺得有些不對勁：「我其實根本就不想生氣。好，就算因為某個深藏心底的恐懼而容易發怒，但是也一定都是因為有事情才生氣。如果不覺得受到威脅，必定也很平靜。」庫瑪笑著答道：「親愛的，這麼說當然對。你的確只有感覺被冒犯時才會發怒，例如一隻螞蟻咳嗽的時候。」

人會發怒一定有導火線

不過導火線卻不是憤怒的原因。天空烏雲密布，人會準備撐傘，烏雲雖然是導火線，但是卻和撐傘並無關係！

儘管容易發怒的人在生活中的確不乏憤怒的導火線，但是這些卻不是發怒的真正原因。人之所以會感到憤怒並發怒，是因為「受到威脅」的那種感覺，但是其實既未真的受到威脅，也沒有具體感知到威脅，外在事件本身並不會「造成」憤怒。

只要仔細觀察動怒的過程，不難發現其實動怒之人老是認為自身的怒氣都是他人造成的，和自己無關，可是人往往最常在感到無助時動怒。

以在高速公路上開車為例，想開快車的駕駛人如果因為前方的車輛較慢而無法如願，於是覺得他的自由受到牽制，因此動怒。再怎麼閃燈、按喇叭或逼近車距、用手勢羞辱卻都不管用，怒火因而越燒越旺。車速較慢的駕駛人則可能被逼到不是迫於加快車速就是急忙變換車道，雖然明明時速早就超出限速了，但後方逼車的駕駛人卻像個恐部份子，想了想乾脆就踩了煞車慢下速度，回敬辱罵手勢。只是這樣卻也毫無幫助，自己反而因為感到無助而更火冒三丈。

兩名駕駛人都感覺無可奈何，兩人都堅信自己正確無誤，而兩人陷入憤怒情緒的同時也都堅信是對方點燃怒火的。

各位是否一直以來也抱持著相同的態度呢？如果走在街上被陌生人吐舌頭，想必許多人都會感到又詫異又生氣，有的人可能會感覺自己受到辱罵而回以憤怒言行。碰到這個情形，你會如何反應呢？是覺得好笑、受辱或火氣上升？如果你後來知道吐舌頭的陌生人來自西藏，吐舌頭在當地是表示友好的打招呼方式，感覺又會因此如何改變呢？

憤怒的時候，應該要仔細探究發怒的導火線，如此才能了解：我究竟在氣什麼？唯有如此才可能開始思考自己究竟為什麼在某些情境下會動怒。我們常會將自己的反應合理化，例如：「那個人這樣開快車可能會害死我耶！」不過如果暫時放下這個理由，捫心自問：「沒錯，可是我為什麼會因此發脾氣呢？」便能將觀點由外在轉移至內在。

問問自己：「我什麼時候要替自己挺身而出？真正要捍衛的是什麼？」答案大概不出兩種，第一是自我價值觀受到侵犯時必然會憤怒，第二則是怒氣總是在人感到無助時悄然而生。

拉丹越想越迷糊：「大師，我現在明白一再壓抑怒氣只會造成內傷，也了解不能隨便發洩怒氣，而且也可能因為感到不知所措而憤怒。但我又能怎麼辦呢？」庫瑪搖搖頭說：「一把火可以燒著樹根，也可以讓樹梢的鳥巢遭殃，最後受傷的都是大樹，所以差別不大。但是火也可以讓我們沏出一壺好茶，也能夠帶來光亮，這時候差別就不可小看了。」

蠻橫強硬不可能帶來友善和諧

友善和諧不等於對怒氣掌控自如，而是不感到憤怒。這點當然知易行難，不過其實倒也沒想像中的困難。

或許我們可以放下對於怒氣的負面觀點，改從客觀中立的角度，將怒氣視為內心的能量，一股尚需「加工」的能量。這股力量若是能轉移到其他面向，便能褪去原先可怕的特質。此時原本的怒氣會蛻變成何物呢？沒錯，那就是堅強、決心、自信、愛……等等。

不過先讓我們進一步看看，這股名為怒氣的內在能量，為何具有破壞的力量吧。

人在思考、行動或感受時，大腦就像是放煙火，放出的煙火會依據思想、行為或感覺的不同而留下特有的路徑。神經反應則會在特定的神經網路中產生作用，反覆激起相同的聯想、思維和感受。人在嬰孩時期，神經元之間的迴路連結還未架構完全，不像高速公路而像原始森林裡的荒野小路，但是這條「荒野小路」越是常用就越是寬敞，神經反應也會越順暢迅速。

從感覺面向而言，越常感到憤怒，無論是設法發洩或壓抑，都只會更容易生氣。發怒的人等於在「練習」發怒，若是加以壓抑也就像在「練習」不愉快的感受和胃痛不適。

從上述的運作關連可見，除了發洩或壓抑之外，還有其他應對怒氣的方法。如果將憤怒轉換到別的運作面向上會有何不同呢？例如轉換到安然自得上，那麼久而久之就會更加平靜自在！想當然爾，這種轉換不可能一夕之間成功，要進一步開闢「大腦叢林中的荒野小路」，得靠頻繁的練習和不少心力。而且最好在腦中豎起一個「改道行駛」的標誌，提醒自己將念頭和感覺從習慣暢行的神經高速公路導向尚待開發的荒野小路，亦即以友善和諧取代怒氣沖沖。

改變大腦的運作方式當然不可能立刻成功，間接的改變卻也成效極佳，而關鍵就在克服無助的感覺，也就是要學著為自己「賦予力量」——好感覺自己的力量，掌握情勢。這一點其實並不難，因為你我的確都有掌控能力，只需要練習採取新的觀點：

- 如果討人厭的鄰居對你大吼，你可以在心裡大笑並告訴自己，這個可悲的傢伙這樣做，只是在折磨他自己。

- 雖然你快被某個公務員搞到抓狂，卻依然維持冷靜，因為你知道自己很堅強，而且對方只是複雜的公務體制中的一個小螺絲。唯有自己盡可能友善、平靜且沉著，才可能以正向力量盡量影響對方。
- 你聽說公司慣老闆為了省錢而大幅裁員，連資遣費都不給。但是你並未因此而氣憤，而是沮喪地搖搖頭，同情這些可憐人在金錢上被掌權者欺負。
- 眼前的收銀員粗魯地結帳，對你擺一張臭臉。不過你知道自己馬上就要踏出這家店，而他還得帶著壞心情在收銀台前坐一整天。

要像上述的例子一樣改變觀點，當然實行起來有些挑戰，不過我們可以學習上述例子，且經常提醒自己「我不能任由事情變糟」。只要如此下定決心，也能更順利不讓壞事發酵，情緒也更穩定。

改變觀點當然需要努力和留心，才能重新定義憤怒的導火線，並且練習正面的感覺。不過努力會有收穫的！而且第一次嘗試的時候就可以感覺道：原來不任由憤怒牽著自己的鼻子走，真正作為情緒的主宰，竟然是這麼棒的一件事！關鍵就在改變對憤怒的看法。

這種新的反應方式一開始需要格外用心費神，一陣子之後大腦中的「憤怒迴路」也將逐漸改變，原本的「憤怒高速公路」因為逐漸廢棄而雜草叢生，而且越來越少受到使用，而原先「安然平靜之路」則因為交通頻繁而逐漸拓寬，最終成為了新的「高速公路」。

我們對於怒氣都具有一定的控制力，「採取新觀點」則是改變的最佳路徑。除此之外也有其他的可能作法，例如對毫無意義的憤怒嘲笑一番，或和其和平相處。

庫瑪的練習：假裝生氣

這項練習不僅有助於進一步了解自己，還可能玩出一些樂趣，而容易動怒生氣的人收穫更大。

活動很簡單，只需要一面鏡子，不打擾到他人即可。先在鏡子前盡可能地做出憤怒的嘴臉，感受怒氣，可以假想一些令人憤怒的情境或人物，感受怒氣在體內不斷高漲，然後看看鏡子中滿臉怒氣的自己，面容變化誇張一些也無妨。當你覺得鏡中的自己實在滑稽到不行，儘管開懷笑出。

平常愛生氣的人進行了這項練習，看過自己鏡中的滿臉怒氣，也許就會多份和氣。幾乎不動怒的人則可以藉此體會生氣的感覺。

庫瑪悄悄話：不要硬去對抗憤怒，因為憤怒一定會勝出，設法不要動怒才是贏家。

✦

上述章節談到了動怒永遠有害無益，而且往往傷的是自己。對外發洩怒氣或將其向內壓抑也都不好。只要能理解，人是因為感到不知所措而動怒，這樣就可以設法再度尋回自己的力量。既然憤怒是恐懼和無助感所造成，憤怒會隨著內在力量的產生而消散。我們甚至可以學著對著憤怒開口大笑，並將憤怒轉換成別種特質。

貓頭鷹雲娜大師自視甚高。有一天她上門找庫瑪，想就和平與公義進行討論：「庫瑪，你那一套友善和諧的說詞乍聽之下冠冕堂皇，但是究竟要如何落實？你我都清楚，世界上就是有些人，專門以邪惡暴力為樂。」庫瑪搖搖頭回道：「以此為樂？」雲娜停頓了一下說：「呃，也許不是真正的快樂，但是隨便你怎麼說，總之他們的天性、特質或文化就是如此。我們總不能任憑這些暴戾之人發怒發威吧，你難道不記得那個以大黑狼為首的狼群嗎？他們當時可是想統治整座森林呀！除了置他於死地，實在別無選擇！難不成要讓他為所欲為？」庫瑪嘆了口氣：「唉呀，雲娜。抄短路未必是最理想的選擇，最簡單的作法往往未必意義最深遠。」

暴力是否有時候無可避免？假設你受到攻擊，友善和諧是否就等於放任對方攻擊？

倒也未必。雖然耶穌曾教導人們：若是有人打你的右臉，那就連左臉也轉過來讓他打！這句箴言其實比現代多數人所想的還更具智慧。不過，幾乎所有情況大概都有解決之道，而且有時候選項還不少，例如：

- **開溜逃離**：面對肢體攻擊，逃離其實很有用。有些人也許因此嘲笑你懦弱，但是這才是聰明人的作法。就算有能力將對方打倒在地，逃離至少可以確保自己不傷害對方。
- **混淆擾亂**：這個方法聰明絕頂，對於爭取時間格外有效，有時候甚至能夠讓攻擊的一方完全打消念頭。不過這確實需要不錯的臨場反應能力，例如在面對拿刀威脅的搶匪，能夠說出：「沒錯，現在是半夜13點78分。」
- **穩定鎮靜**：對方如果不是蓄意耍兇，只是無法抑制怒氣，大概都能在幫助下鎮靜心情，不過這一點得先從認真看待對方開始，才能真正用心理解。
- **伸出援手**：發怒動兇必定源於無助感。既然如此，有什麼可以幫忙的嗎？這當然需要極高的同理心才能設身處地感同身受。很多人遭受暴力之際，周遭人卻視若無睹。如果有人能夠在他人遭受威脅時挺身而出，威脅恫嚇大多會停止。但這必須有人勇於挺身而出，不再對狀況轉頭無視，才能喚醒他人凝聚力量。

• **委屈求全**：這個作法其實不如多數人想像中的理想，因為打安全牌往往不是使得對方更加囂張，就是必須犧牲個人的自由。儘管如此卻仍舊好過暴力相向。

• **指導說明**：在此刻意選擇這四個字，而不用「自我辯護」，是因為替自己辯護的最佳作法並不在傷害攻擊的一方，而是讓對方清楚明白他的言行無理。源於日本的合氣道武術就是最好的範例，因為不具攻擊技法，以借力使力的方式應對攻擊，所以攻擊方出擊越強自然跌的越重。

貓頭鷹雲娜不願居於下風，一邊堅稱自己完全了解庫瑪的觀點，同時卻一邊表示：「庫瑪，你說的聽起來是美好理想，但是我還是相信，以善待善，以正義對待不善，如此世界才有公理。」庫瑪對著雲娜和善地笑了笑回答：「我倒認為應該要以善待善，以善待不善。如此世界才有善意。」

這個世界充斥著不公不義、暴力、磨難和獨裁政治，乍看之下似乎不可能完全不使用暴力來維持運作，就連知識份子和善心人士也往往視暴力為唯一的解決之道。

暴力只會引發更多暴力

暴力引發暴力，而且絕無特例。蠻橫強硬只在短期間內看似可行，而友善和諧的方式儘管實施仍不盡普遍，卻不乏成功達成目標的例子。

印度在英國殖民時祺，英國人發號施令，印度人順意服從。當時的法律充滿不公，許多印度人也渴望獨立，英國人則因為經濟考量而不允許。後來出現了一位年輕人，他曾為了替同胞爭取公平待遇，在南非投入非暴力抗爭長達二十二年之久。他就是甘地。諾貝爾文學獎得主泰戈爾替他取了一個名號，至今依然響亮：聖雄甘地。

聖雄甘地很快就成為印度獨立運動的領袖，儘管印度獨立當時看似無望，他發起反抗統治階級的運動，屢屢受到血腥鎮壓，依然堅持不以暴力相抗，反而堅守「真理」（Satyagraha）。這項在西方世界廣為人知的策略，關鍵在於不將反抗對象視為敵人，反之拿出友善的態度和非暴力的抵制，目的在喚醒對方的真心、理智和良知。

甘地體悟到，使用暴力，只是短期看似可以解決問題，卻只會引起更多的暴力。要斬斷暴力的無限循環只能靠非暴力。無論當時或今天，他的這個理念在多數人眼中都過於天真。不過甘地深知自己的理念可行，他將自己對於真理的堅持視為「心靈強者的工具」，而不是「弱者的武器」。

甘地拒絕服從，抗拒有失公義的法律，杯葛由英國公司壟斷的食鹽，這自然使他成了英國的眼中釘，飽受不平等待遇，且遭受牢獄之災，在獄中共待了八年。但這一切都是甘地哲理的一部分：若是不能說服掌權者轉向公義，那就違反這些有失公義的法律，讓自身受到刑罰與折磨，以此喚醒統治階級的心和良知。

這項理念乍看之下似乎接近瘋狂，也的確不是短期間能收穫成效的策略。但是誠如甘地所深信，長期下來對方必定無法違背良知和內心的力量。印度也確實於一九四七年贏得獨立，這都歸功於聖雄甘地，以及他多年來對非暴力反抗的建立、發揚和身體力行。

許多人或許會認為甘地的成功是因為他非比常人，意志格外堅強。雖然如此，但甘地的故事依然告訴了我們，對於看似如巨獸的對立方，暴力既沒有必要也缺乏意義。

就算甘地是人類中的特例，他的真理運動也確實行來不易，面對獨裁政治、壓迫箝制、大規模屠殺、恐怖分子和毫無公義的政府，又有其他更理想的作法嗎？

解決以上問題絕對不容易，這個世界不能靠以暴制暴的方式消除暴力。這不代表轉頭不視，面對某些必須儘快改善的情況，我們當然必須設法解決，這時候就需要創意、同理心、感受、堅強力量、縝密考量和智慧。友善和諧可以激發出人類的最佳特質，而就算是「立意良好」的暴力則注定只會加深惡的特質。友善和諧絕不是在當傻子，反而能讓人明瞭最快捷的解決方案未必等於最聰明的作法。使用暴力只會助長暴力循環，每起因暴力造成的死亡必會引發仇恨，仇恨又會醞釀出更多暴力和仇恨。

雲娜和庫瑪正在討論時，拉丹來了。雲娜正說道：「你那套永遠要行善的說法好像很高尚，但就是行不通，因為我們有義務引導傻子和惡徒邁向正軌。」話還沒說完她就看見了拉丹，嚇得飛竄了起來：「庫瑪，小心！有蠍子，趕快踩死他！」拉丹和庫瑪見了感到逗趣，庫瑪說：「唉呀，雲娜，如果我把所有的學生都踩死了，還有什麼好傳授的呢？」雲娜滿臉尷尬地再度坐了下來，清了清喉嚨說：「嗯，呃，但是我們一定得對傻子和惡徒指導教誨。」庫瑪則反問：「如果自己對於傻子和惡徒都不清楚了解，又憑什麼想要去教導他們呢？」

如果要將暴力合理化，至少需要做到一件事：清楚信服於自己的觀點，認為別種觀點都是錯的。另一方面，友善和諧的第一步則在於了解這世界上還存在著其他看法、觀點和角度。如果能秉持原則，在生活中「至少用兩種觀點來看事情」，那麼暴力看似理想的假象也就不攻自破。

如果能以兩種不同的觀點看待事情，自然也不容易過度狂熱，避免對於單一觀點緊抓不放，自然不會因為恐懼而兇狠憤怒。

庫瑪的練習：青蛙和老鷹

這個活動在於練習接納兩種觀點。主題不必是複雜難懂的哲學理論或世界觀，只要在自己下一次火氣高漲又不知所措時，除了自身的「青蛙觀點」之外也試著運用「老鷹觀點」來觀看相同的情境。前者低伏於地，後者高高在上，這時候你便會察覺，原來換了角度看世界，感受也隨之變化，從老鷹的高度看待事情，由於距離遙遠，視野自然不同。

例如下次遭受同事不合理的批評，就試試看這個作法。一開始也許你自然會秉持「青蛙觀點」，湧入的無助感使自己發怒或滿肚子火，緊接著請轉而採取「老鷹觀點」，以高處鳥瞰的方式看待自己和同事，拉開的距離不僅不會使人高傲，反而有助於放鬆。這時候你將能更趨於穩定平靜，不再覺得自己從上方被連根拉起（因為你也在高空翱翔），可以立即漠然中立地面對同事的批判。

持續練習採取陌生的觀點

任由怒火燃燒恐怕還簡單多了，因為如此便可以省得耗費心神尋找解決之道。不過問題在於：如此真的能解決問題嗎？

我們可以從兒童為起點來練習。家長往往覺得心平氣和地和孩子談話行來不易，而面對孩子的鬼吼尖叫、叛逆調皮或搗蛋搞破壞，暴力體罰仍然是常見的作法（儘管體罰日益少見，值得慶幸）。任何打擊孩了自尊的作法，若是無法提供教導，只是以強迫或冷漠作為懲罰，孩子的心靈必定會受到傷害，就此孩子也只會學到使用暴力，並視暴力為理所當然的常態作法。

庫瑪悄悄話：用石頭將蛋擊破，是無法幫助雛鳥出生的。

以上章節探討了在某些狀況下是否運用暴力也有其意義，儘管有時候看似如此，但是暴力終究只會造成毀壞而非建構，發怒只會造成怒氣的惡性循環，友善和諧才是真正的解答。雖然解決問題也許困難重重，但是妄想著以暴力化解問題無疑等於放棄尋找真正的答案。

拉丹非常高興自己克服了以往的怒氣，但是每當他聽聞這世界上許許多多的殘酷醜陋，舊有的怒氣又如野草般竄出心頭。雖然這時候的他已經懂得如何迅速平復心情，卻仍舊感到困擾。他問庫瑪：「大師，我們是活得快樂又安寧，但世上還有許多人因為無知、慾望和暴力而受苦，我們該如何幫助他們？」庫瑪闔上雙眼說道：「你還沒能真正尋得內心的平靜。」拉丹深思了一會兒後回答：「您說的也許沒錯，不過等到我的內心真正平靜時，可以採許什麼行動嗎？」庫瑪張開雙眼，充滿光輝地對拉丹笑了笑說：「等到你的內心完全平和，又有什麼能破壞這一片安寧嗎？」

平和並非消除對立，而是尋求共同點。

共處並不意味著必須彼此言行一致，有時候甚至應該有所差異，好比足球運動當中，二十二名球員可以共處踢球，其中十一名球員試圖將球踢進另外十一名球員的球門中。這個遊戲建立在不同的目標上，但這卻不是敵對仇視，球員相互尊重的同時也相信彼此不會刻意造成對方傷害，球賽奠基於運動的快樂和捍衛各自的疆域。

同樣的二十二名球員踢球時也可以帶著敵意怒目相視，不計代價想擊倒對方，雖然暫時沒有傷害對方，那是因為怕被判罰球，只要傷害敵手划得來，絕對狠心到底。這樣的球賽基調就是一心求勝和自私算計。

在金錢利益掛帥的職業足球場上，球員並不相互共處，而是對立為敵，所以會造成傷害、憤怒和失望，同樣的運動帶給職業球員的樂趣自然也不如踢足球為樂的孩子。若是連運動遊戲都欠缺友善和諧，人生豈不更如一場又一場的戰役？

發怒乃天生常情

動物不懂得考慮思量，這是一種本能、簡單且絕對的生存方式。動物生病的時候不會自忖該如何溫和輕柔地請主人帶牠去看獸醫，僅會兇巴巴地發著脾氣。發怒的確是天生常情，但是卻屬於動物本能，若是對於其他可能作法清楚明白，自然會將發怒視為較低等的作法。

所有宗教都倡導友善和諧，但是卻有許許多多的教徒對自己人或其他宗教猛烈批判攻擊，好似耶穌、穆罕默德或佛祖從未存在般。因此，世界和平是否只是癡心妄想呢？

儘管如此，我們還是可以將世界上極其重要的一個角落耕耘成和善的綠洲——那就是自己的心田。

第一步就是對內自我尋求和平。若是內心充滿自我的衝突，對自己暴力相向，思考和感受滿是矛盾掙扎，方寸之間都不見平靜，又如何可能對外尋求和平？

達成內在和諧的最佳途徑便是冥想。冥想可以讓人：

- 簡簡單單便安然成坐姿。
- 追隨自己的呼吸吐納。
- 思緒可以隨著音樂或繪畫自由翱翔。

人只要內心逐漸平和，在感到輕鬆的同時也能夠對外實踐和諧友善。就算不是政治家或權要顯貴，你我也能夠促進世界和平，例如：

- 不以言行暴力教養兒女。
- 和親友彼此相互理解溝通。
- 以寬闊的心胸和友善和諧和陌生人互動。
- 尊重下屬並不傷害其尊嚴。
- 將上司視為團隊夥伴而非敵人。
- 進行零暴力溝通。

每個人都是世界的一份子，而這個世界的組成環節又彼此牽連、難以切割，每個個體和這個世界其實同為一體。正因如此，每個人都能有所貢獻，惡必招惡，善則積善。

倘若能聆聽內心的聲音，找到心中友善和諧的世外桃源，便能感到自在安然和快樂幸福，在這個世界上促成些許改變。

庫瑪深信和諧友善的力量：

所謂與世界和諧共行，
是不靠爭鬥得勝。
擊退內心的沈重，
能為勝者。
不以爭鬥為樂，
即為勝者。
不以獲勝為樂，

己為勝者。

庫瑪的秘密：

從容自在。對事物不要過度在乎，尤其不要給自己太大的壓力！

緩緩慢活。急急忙忙難有快樂。想抵達目標就繞遠路走！

穩健執著。有始就有終。一開始就要追隨自己的心！

轉化蛻變。妥協放下，轉化蛻變，彈性柔軟，如此縱使跌倒也能再起，且能守護真實自我！

簡單知足。物質欲望越少，越可能得到渴求的一切！

友善和諧。無論眼前站的是誰，都應該敞開心胸。理解才能拉近距離，暴力只會滋長暴力！

七、凝聚回歸：全心做自己的秘密

第七次賽跑

這些時日以來，兔子夏沙卡也成了庫瑪大師的學生，體悟到每回跑輸其實都讓自己有所收穫，就像上了一堂課，他也褪下了一身傲氣，再也沒有想過賽跑。因此夏沙卡十分驚訝，庫瑪那天竟然向他招招手表示：「親愛的，咱們倆好久沒賽跑了，我還真有點懷念呢！今天中午要不要小小跑一回？」乍聽之下，夏沙卡以為老師在揶揄以前野心勃勃的自己，不過庫瑪看起來可是說正經的：「我看短跑就好了，跑到大蟻丘那兒。」夏沙卡邊點頭邊不解地思索著老師為什麼會邀他賽跑。庫瑪清了清喉嚨提醒道：「夏沙卡，務必留意，謹記眼前的路！」夏沙卡點頭鞠躬。

中午太陽高掛頭頂，等於替賽跑鳴了槍。夏沙卡還沒跑幾步就遇見了怪事，月亮恰好遮住了陽光，使得日光逐漸變弱，大地變得一片黑暗。恐懼和困惑籠罩了夏沙卡，使得他難以察辨賽跑路徑，失去目標的他揪著一顆砰砰跳的心在黑暗中跌跌撞撞，不知道究竟該往何處，就算清楚該往哪個方向前進卻也受制於種種恐懼的念頭。過了一會兒，撥雲見日逐漸轉亮，重見光明的夏沙卡在閃耀的陽光下看見了庫瑪大師早已在目的地等著……

庫瑪就這麼靠著自我凝聚和內在的燈火，照亮了謹記心頭的路徑，贏得最後一次的賽跑。

庫瑪的第七回比賽教導我們的秘密，可能正是最重要的一則——自我凝聚並專注於己身。人當然無法如烏龜一般縮入龜殼，不過卻能藉由其他方法向內回歸到自我本質。

踏上回歸內心的旅程，能夠賦予人所需的力量

回歸內心可以使我們得以完成各種任務，達到目標。我們也能因此更透徹清楚，追尋的目標究竟是否與內心和諧共鳴，還是應該將精力投注在更重要的事物上。此外，經常向內回歸也有助於克服日常生活中或大或小的挑戰，能夠回歸內心，所需的安然感和內在力量自然也會因應而生。

希望在內心尋得一處具備能量又安然的世外桃源，自然得向內觀望。為此就必須忘卻外界的吵鬧紛擾，才能夠沿著朝內延伸的道路尋著自己的根源，即最初的自我。凝聚回歸等於是專注聚焦於自我本質，尋得本質則等於是對個人靈性的察覺。

庫瑪悄悄話：人的心靈本質樂於開明、寬廣和自由。滋養心靈就必須從最初始的狀態開始照顧，心靈的最上游如同深山中的湖水般清新澄澈，也似幽幽深谷的平靜安然，又像廣大的天空一樣了無邊際。

人類追求自身根源的渴望（對有些人而言，也許就是追尋上帝），有時往往不完全是源於自身的。一般人常會將生命運用在追求外部的快樂，如家庭、工作、友誼或財物上。人之所以會向內探索，經常是因為下述原因之一：

1. 生活不順：天有不測風雲，人有旦夕禍福，有時候難免夢想難以成真，希望又粉碎。一次次的失望或危機最後會使人認知到恐怕得改變方向。

2.生活順遂：和伴侶關係和睦、工作有趣又薪水高、身體健康、有幾位好朋友，生活其他面向也都如魚得水——儘管如此，卻總是感覺人生似乎就是缺少了點深遠意義……

追尋快樂和內心滿足的人，可能早晚會接觸到冥想，這不僅因為冥想在自我追尋上提供了歷久彌新的成功途徑，同時也是多個心靈團體教派的交集重點。

冥想使人心靈寧靜、安然平和又能量充沛，這正是許多人開始練習冥想的目標。目前已有許多研究發現冥想的種種效益，但實際上進行冥想的人，卻鮮少是為了增強免疫系統、降低敏感疼痛或膽固醇，也不是以鍛鍊神經、增加活力或提高信任為目標。多數人會開始冥想是希望能在神智清醒的狀態下心靈平靜、洞悉事理，並能與所處的世界和宇宙緊密連結，而向內探索心靈就提供了這般豐富迷人的旅程。正因如此，冥想的心靈能因為自身而享受豐收。

但是究竟該如何冥想？要如何做才能全然向內凝聚、回歸自我，進而達到上述美好有益的境界呢？

猴子蒙奇因為任務失敗，一臉懊惱地跑來找庫瑪大師，一在她身邊坐下就說：「大師啊！今天早上我去驢子辛度家，他還抱病臥在稻草堆中，一直咳個不停，所以我答應去海邊取點椰奶為他滋補。回程路上我遇見了老鼠比奇，就坐下來和他聊聊，因此不小心灑了點椰奶。接著我繼續走，耳裡傳來樹上鸚鵡的啼叫，我轉頭向上瞧，結果一不小心又灑了些椰奶。後來根本還沒回到辛度家，我又因為半路被樹根絆倒，最後只能兩手空空回去見辛度。」庫瑪聽了回答：「心靈滿載卻兩手空空，不如心靈空無卻收穫滿滿。」蒙奇問道：「這『心靈空無』是什麼意思呢？」庫瑪解釋：「空無的心靈不容易分心受擾，因為空無代表凝聚歸零。只要能回歸自我，便能聚焦於每一步，免於跌倒。」

這麼說也許看似自相矛盾，不過要讓心智自由翱翔，的確得先緊守管束。高手不是天生的，是一次次的練習、一回回的自律才成就出大師。要能跨上野馬豪邁奔向天際，得先馴服馬匹，否則踏上旅程的恐怕不是騎士，而單是野馬。

幫助心靈漸趨平靜的方法中最為簡單可行的莫過於專注。只要專注，那碗盛得再滿的椰奶也能平穩捧在手中，小心謹慎向前的同時不溢灑出一點一滴。一心專注於一件事物，便能凝聚所有的氣力，避免感官心智受擾分岔而跳針。

不過專注和偏執是兩回事，甚至可說完全相反：在沙坑遊戲的孩子就是個好實例，雖然全心沉浸在玩沙的樂趣之中，卻也非常放鬆享受，心智平靜澄澈地聚焦於單一事物，如此放鬆的專注可說是一門藝術。而專注持續夠久，自然而然便會進入冥想的狀態，倘若能全然聚焦於自己，專注於身體姿態、呼吸吐納或心智活動，收穫的效益將更為顯著。

覺察也能幫助人透過內部的力量通往冥想的世界。留神和專注一樣講求凝聚回歸，如果專注的力量像是手電筒照射出的筆直光束，那麼覺察的影響則好比一盞泛光燈，增大了視野角度，不聚焦於特定一點，人因而能感受更為複雜的事物。單一點的專注適用於鎖定目標紅心，覺察則能讓人同時聽見耳邊鳥鳴，注意到身後的林蔭綠意，同時感受自身的呼吸，接著鎖定目標射出箭靶。

到了日落時分，猴子蒙奇還坐在庫瑪身旁，他打了個哈欠說道：「大師，不好意思，我實在累了，得向您道別，回家好好睡一覺。不過在我離開前，您可以再分享個秘密嗎？」庫瑪回答：「沒問題。」蒙奇立刻提問：「我聽貓頭鷹雲娜說，您之所以喜樂是因為懂得欣賞夕陽，在夜裡漫步遙望星辰。我也好希望有機會和您同行，不過每天一入夜我就已經疲憊不堪，不一會兒就倒頭大睡。您如何能到夜深人靜仍活力充沛呢？」庫瑪沉靜了片刻說：「你一整天忙著從一端樹梢跳到另一端，難怪很早就疲憊無力。如果希望儲存能量，試試看全身靜止，完全安然靜坐便會忘卻時間。等你忘卻了時間，生命力也將不再緊追著日出日落運作。」

想要讓心如止水，就必須從外開始靜止的功夫。儘管保持身體不動比靜止心智活動來得容易，絲毫不動地持續坐姿仍有助於鎮靜思緒和感受。

許多冥想的形式都講求身體維持靜止，禪修和瑜伽常強調的一些特別坐姿正有助於較長時間維持端正不動，且不容易誤入夢鄉或顫抖難受。

一般冥想都是坐在地板上進行，這麼做自有其益處，因為這樣容易坐得穩，由地板承受重量。坐在椅子上進行當然也可以，不過椅子的高度應該要讓大小腿成九十度直角，此外也要記得以自身力量維持坐姿，而不東倚西靠的，雙腳張開約與肩同寬，整個腳掌實實地踏在地上。

如果想坐在地板上進行，則應該運用坐墊或將被毯對摺使用。以下幾個建議的坐姿供各位參考：

- 腳跟坐：將背挺直坐在腳跟上，以腳背和小腿前側碰觸地板，可於兩腳跟和臀部之間放置坐墊以增加舒適度，也可以使用打坐凳。
- 雙蓮花坐：雖然這個坐姿非常穩當，卻唯有極其柔軟的人才能上手。首先盤腿，將右腳置於左大腿上，左腳置於右大腿上（次序相反無妨）。多數人都要練習好一段時間的練習才會在採用此坐姿時感到舒服自在。建議柔軟度不足的人切勿強硬嘗試！
- 單蓮花坐：是雙蓮花坐的簡易版。同樣在盤腿之後將右腳盡可能靠近身體，左腳則置於右小腿上（次序相反無妨）。無論進行半蓮花坐或雙蓮花坐，使用坐墊能大幅提昇舒適感，同時有助於挺直背脊。

雙手可以自然地放在大腿上，手心朝上朝下皆可。傳統的手勢當然也可以，例如拇指和食指輕扣成圓，又或雙手交疊成砵狀置於肚臍下方。（左手背擱在右掌心上，兩手拇指輕觸。）

一般人在日常生活中都時時在動，那怕只是用腳輕踏拍子或以手指敲著節奏，我們都不習慣維持身體完全不動。如果希望身體的靜止能夠擴及成內心的平靜，至少要維持不動十五分鐘，因此將氣力集中在下腹部很重要，如此才能維持既舒適又重心正確的坐姿。不過無論再怎麼講究細節，冥想的重點可不在「裝模作樣」，而在促成內心的平靜。

> **庫瑪悄悄話**：光是靜止不動並不足夠，因為隨便的阿貓阿狗只要夠偏執僵化也能做到。打坐若是要起醒悟作用，就必須保持心靈的清醒覺察。在看似絲毫不動的外表下維持心靈活躍。這就是訣竅。

「單單靜止不動地坐著」可說就是練習本身，不過沒有幾分自律恐怕難以成功。此處需要的並非是「鋼鐵般的自律」，因為咬緊牙關也行不通。打坐冥想需要具備的自律比較類似音樂家在面對困難樂曲時的堅定自律——專注於目標去覺察，再三仔細聆聽音樂，不斷調整和精進自己的演奏，同時又分分秒秒維持彈性。

庫瑪的練習：身體安穩不動

找個自己能端正挺直十五至二十分鐘的舒服坐姿（建議設定鬧鐘以提醒時間），記得不要倚靠任何物品，然後閉上雙眼、順暢地呼吸吐納……拋開所有和姿勢無關的事物，放下所有的思緒和情緒，聚焦於身體。什麼都不想地去感覺：

- 我是否挺直坐正了？
- 感覺得到身體下方的地板（或椅面）嗎？
- 肩頸和面部是否放鬆？
- 從下而上地就身體姿勢一一覺察，從腳、大腿開始，然後到背脊、脖子和頭，再注意雙手姿勢。
- 穩坐如山地維持不動，腹部和骨盆是身體的重心所在，背脊就此挺直。繼續觀察自己的姿勢，全然投入此時此刻的身體。
- 最後很快地伸展身體並張開雙眼，替練習畫下句點。

觀察呼吸吐納也有助於回歸自我。自然調節呼吸至平和順暢有助於卸下心中重擔，可以讓高亢的情緒或怒氣鎮靜下來，也可以減低憂鬱和消除疲勞。呼吸能夠輕柔地將我們推送至冥想狀態，呼吸吐納強迫不得，而會以其節奏自然調節和來去。

庫瑪悄悄話：自然地呼吸吐納就是從中找出和諧規律。呼吸規律和諧，許多問題自然迎刃而解。就著順暢的呼吸尋得內心根源，心靈自然平靜又自由。

冥想時不應該刻意改變呼吸、加深吐納或甚至憋氣，而是將專注的焦點放在一吸一吐之間，從中體會到平靜和諧其實比憤怒或緊張更接近人的自然本質。負面情緒通常是短暫的。只要對於呼吸運作貼切覺察，就等於在凝聚自我的生命能量，也能因此享受寧靜不動的美好。

庫瑪就著自然光外出散步時，看見猴子蒙奇動也不動坐在草堆裡。蒙奇見到庫瑪和氣地打了招呼：「誠如大師所見，我已經開始練習保持身體靜止不動。慢慢停止了在森林裡晃來盪去的，疲累感也消散了，昨天晚上甚至還清醒許久欣賞星空。無奈的是，我的心總是難以平靜：本來還在去河邊的路上，就會因為比較想去拜訪雲娜而轉身離去；還沒走到雲娜家，突然感覺飢腸轆轆，所以朝有香蕉可吃的山谷邁去；朝香蕉樹前進的路上，河流突然又浮上心頭……我這一顆心就如此浮動不已。」庫瑪慈祥地回答：「就我看來，其實現在在枝頭間左盪右跳的是你的渴望和念頭。如果想要克服浮動的毛病，就好好守住呼吸。」蒙奇一臉狐疑地問：「呼吸這樣難以捉摸的東西要怎麼守住啊？」庫瑪回覆：「守住呼吸的意思是藉由呼吸凝聚回歸。如果呼吸短促就要有所覺察：『我現在呼吸短促』；呼吸如果深緩，則告訴自己『我現在呼吸深緩』。你需要的不過是覺察力，透過覺察力深入自己，進而重返內心。只要能掌握了內心，就沒有任何事物能奪走屬於你的平靜。」

如果能一心專注於身體的靜止不動，便能很快讓思緒趨於平靜，那就完全無需留意呼吸。然而光是「坐著不動」對於許多人而言就是不小的挑戰。人體算是一項頗大的冥想主體，所以我們必須學會感覺是否每個身體都朝著正向發展，察覺背脊的挺直、腹部氣力、肌肉張力及其他身體部位。對於呼吸的掌握相對之下較為簡單，因為腹部的一起一伏在進行冥想時自然顯得清楚可察。

庫瑪的練習：觀察呼吸吐納

只要善用呼吸吐納，便能放下所有擾人的思緒和情緒。人隨時隨地都在呼吸，因此觀察呼吸不僅受用於早晚的冥想打坐，也可以在其他時候進行以幫助自己凝聚回歸。

現在先請挺直坐正，闔上雙眼，專心觀察呼吸時的一吐一納。專注當下的同時也盡可能地發揮覺察力，因為過於強勁單一地專注於呼吸可能會造成痙攣。如果發現自己的呼吸並不完全自然流暢，反而有些「刻意」，倒也無妨，因為呼吸早晚都會運作出自己的節奏韻律。

請先將觀察重點放在自己在一吸一吐之間，看看肚皮如何隨著呼吸高低變化，像來去起伏的波浪，吸氣時會輕柔地下沉，吐氣時又自

然回到原位。

接著試試什麼都不坐，單純享受呼吸像漣漪般運作至身體、靈魂和心智，一有起心動念或情緒變化，就耐著性子一次次回頭觀照呼吸，好好沉浸於心中綻放的平靜感。

最後以幾次深呼吸結束這項練習。

所有凝聚回歸的方式最終都在於迎向平靜的心念。無論是悉心覺察、觀照身體或是觀察呼吸，都是為了回歸根源，亦即從自身尋得安然感。

庫瑪悄悄話：忘卻話語，忘卻那千百樣東西吧。掌管好自己的心靈，放心地無所為，守護自我根源的珍貴。只要能深入自身廣大無邊的心智，就不擔心火燒雨淋，不容易驚慌受怕。這時候的你，抬頭是白雲環繞的山峰，腳下是帶著甜美露珠的青草，心靈則乘著自由翱翔。

所有心靈的煩擾起伏都會抑制我們內在本質原有的力量、澄澈和快樂，就像心智若受到蒙蔽，所見的生活都灰濛濛的，也像燈光會因為燈罩而亮度銳減。分心受擾是凝聚回歸的勁敵，當我們任由自己受到內外因素的拉扯，心靈因為擔憂、恐懼或憂鬱而頻頻受擾，各種看法和觀點也從四面八方湧入（如廣播、電視、網路或親友），這時就容易分心。

猴子蒙奇因為聽聞了一些壞消息而憂心忡忡，趕在日落前上門尋求庫瑪的建議：「晚安，大師。我實在好擔心啊，今天稍早我碰見聰明的貓頭鷹雲娜，她直接了當地說，就快要燒大火了，而且恐怕會燒到我們這座森林。我見到老鼠比奇時提到這件事，他建議我挖個深深的地洞；水牛馬胡納則百般想說服我儘快逃離這裡，和他一塊兒搬到沙漠去，因為火在沙漠燃燒不起來；最後我又遇到青蛙曼度基，他則一直勸我和他去水裡保平安，等到火勢消滅再出來。就這樣，我聽了暈頭轉向，不知如何是好。」庫瑪搖搖頭回答：「唉呀，蒙奇……你不是老鼠，要怎麼替自己挖地洞？你不是水牛，若真去了沙漠，哪裡有樹好爬？而水中生活雖然對於青蛙來說再自然不過，但是怎麼適合從沒游泳過的猴子呢？你應該找尋適合自己的路才是。」蒙奇就此回道：「這就是問題所在：我沒有答案。」庫瑪接著說：「這麼多的觀點就好似暴風雨時的海浪波濤，種種的擔憂也來來去去。你要就著自己的內心細細觀察，端坐在平靜的心田之上，就可以不受眾說紛擾。」

第二天庫瑪見到蒙奇一臉歡喜滿足地高坐在棕櫚樹上，說道：「看來你還是沒決定逃跑。」蒙奇回答：「沒啦！想想，一搓火苗都不見蹤影，我又何必忙著挖地洞或栽進冷冰冰的水中呢？這就是我的最佳方案。若真的發生火燒森林，也不可能突然從天而降嘛，一定會先看見煙霧或是聽到鸚鵡竄逃。如果火勢蔓延到附近，我不可能不知道，就算真是如此也還有時間逃生。不過現在看來，炙熱的太陽還沒有要掀起森林大火……」蒙奇邊端詳著天空邊說著。庫瑪抬頭看了看，瞧見天邊慢慢湧起朵朵烏雲，露出一抹微笑。

無論是外界的紛紛擾擾或是發於內的自然分心，都是麻煩的負擔。唯有從內到外都不受干擾，才可能真正擁抱生命的自由清明。

如果我們的心靈受到雜念干擾，就像被浪濤拍打衝擊，難以直視內心深處。人如果滔滔不絕，「真我」便會沉默無言。唯有保持靜默，才能和內在對話。

可惜的是，人不可能憑著開關按鈕就重設煩擾不安的心靈，不過要尋得內在的平靜、安穩及和諧，其實也是有好辦法。我們其實只要學習觀照心靈，並且了解到，我們的思緒、感受和想像很有可能會失序而碰撞。觀照心靈的秘訣就像眼前有一大群孩子坐著旋轉木馬，而我自己只友善從容地觀望，卻不上前加入。

庫瑪的練習：讓心靈趨於平靜

對自身思緒和感受進行觀察並加深了解，其實並不困難，關鍵在於反覆練習。唯一的必要步驟就是輕鬆坐正，覺察飄過自己心田的片片雲朵，時時提醒自己：在這些雲朵之後就是開闊湛藍的天空。

這些如雲朵般的念頭和感受大概能分類為

- 過去的經歷
- 對未來的想像
- 計畫或希望
- 焦慮、擔憂或恐懼
- 心中的影像或聲音
- 自我對話和反覆思慮
- 噪音或膝蓋疼痛等「外部」的干擾

你也可以將這些念頭和感受簡單分類為「正面」、「負面」和「平平」；單純觀察而不分類也無妨，重要的是切勿對念頭緊抓不放。假設心中浮出焦慮的思緒，只要認知到「啊，焦慮的思緒來了」即可，不要過度加以分析或鑽牛角尖。

心靈的本質其實是單純恬靜的，凝聚回歸的功夫有助於加強這個認知。不過若是刻意「進行」些什麼反而會白費力氣，只要敞開心胸面對湧入的念頭感受，最後就可以學習放下。

凝聚回歸不僅有益於冥想，對於生活種種也極有幫助。凝聚回歸能讓人不再緊緊抓住過去不放，也能避免對於未來過於偏執。

想要掌握這「發掘當下」的秘密可以從發展覺察力開始，應用於生活的各個面向，例如在散步時不要想著等會兒得打電話給婆婆或岳母，而是用心去感受雙腳；或是喝茶時不要一邊讀報紙，而是單純體會那杯熱茶握在手中的感受，細細品味茶的香氣和甘醇，同時感受自己的呼吸吐納。

庫瑪的練習：發展覺察力的三步驟

擁有當下便已足矣。無論思緒飄得再遠或仍卡在過去，人也只能活在當下。看似再平凡不過的活動也能夠開啟大門，引你踏上邁向內心的道路。無論在洗澡、開車、替孩子講故事或聽音樂，都可以採取這三個步驟，用心體會當下：

1. 先問自己：「我此時此刻到底在做什麼？」這個問題有助於將散亂的思緒再度聚焦，進而專注於當下。

2.直白理性地回答上述的問題，例如「我正在閱讀」。這個步驟能讓自己更清楚當下自己進行的活動。

3.啟用這個再簡單不過的句型：「當我（進行某事）時，就（進行某事）。好好地（進行某事）便夠了。」例如「當我閱讀時，就閱讀。好好閱讀便足矣。」

這三步驟能使人更明白，其實光是坐在沙發上好好享受閱讀便足夠了，無需再忙些其他什麼。如此鍛鍊自己的覺察力，便能迅速尋得內心平靜。

除了鍛鍊覺察力之外，還有另一項類似的作法可以幫助你真正活在此時此刻，那就是完全沉浸在生活當中。人面對種種情境如果能夠全然進入狀況，一般面對陌生挑戰時的焦慮自然會煙消雲散。要縱身潛入自然需要勇氣，也需要相信自己擁有駕馭各種情況的必要特質。

那天猴子蒙奇坐在巨大瀑布旁的芒果樹上，看見庫瑪從森林出來散步，心神鎮靜地爬入水裡，縱身跌入瀑布中。蒙奇驚嚇得跳了起來，心想：「糟糕糟糕，庫瑪這麼一大把年紀，不會是活膩了吧？」他趕緊飛快爬下深谷，沒想到卻見到庫瑪毫髮無傷地爬出水中。蒙奇不禁脫口而出：「這怎麼可能？大師啊，我剛剛親眼見著，您好像想輕生，但是現在竟然這麼好端端從瀑布走了出來。」庫瑪甩了甩身上的水珠，展開笑容說：「哎呀，蒙奇。我怎麼會想死呢？沒有開始自然也沒有結束。我其實是想好好洗個冷水澡，所以乾脆跳進漩渦中，從另一個漩渦出來，而且因為我無法逆流而行，自然會漂流到河裡。這麼做怎麼可能會有傷害呢？」

如果能全然將自己託付給生命之河，不逆流而行，安然感自然會由內而生。懂得縱身潛入沉浸，便能更接近生命的本質。接近生命本質，人便能獲得力量、信心和安樂，同時也能就此提升覺察力和開闊度，進而認知到最關鍵的時刻就在當下，最重要的人就是當下接觸的那一位。

我們將因此能夠收穫安寧、和諧，以及開闊又懂得同理的心。烏龜的七個秘密正是發芽於心田的種子，將茁壯成長結出甜美果實。

庫瑪深信友善和諧的力量：

於侷限自律中認識自由，

於凝聚回歸中覺察內在意義，
這就是修行前輩所謂的「覺照」：
覺照是追溯根源，
發掘強大的安然感，
擁有力量全然做自己。

庫瑪的秘密

1.從容自在。對事物不要過度在乎，尤其不要給自己太大的壓力！

2.緩緩慢活。急急忙忙難有快樂。想抵達目標就繞遠路走！

3.穩健執著。有始就有終。一開始就要追隨自己的心！

4.轉化蛻變。妥協放下、轉化蛻變、彈性柔軟，如此縱使摔倒也能再起，且能守護真實自我！

5.簡單知足。物質欲望越少，越可能得到渴求的一切！

6.友善和諧。無論眼前站的是誰，都應該敞開心胸。理解才能拉近距離，暴力只會滋長暴力！

7.凝聚回歸。將心力能量都聚焦於此時此刻！

國家圖書館出版品預行編目資料

烏龜的七個秘密：歐陸最暢銷自我凝聚練習，讓平靜安穩由內而生 / 龍悠(Aljoscha Schwarz), 朗諾德.史威普(Ronald Schweppe)著；陳繪茹譯. -- 初版. -- 臺北市：遠流, 2020.11
面； 公分
譯自：Die 7 eheimnisse der schildkröte : den alltag entschleunigen, das leben entdecken
ISBN 978-957-32-8886-2(平裝)

1.人生哲學 2.生活指導

191.9 109015093

烏龜的七個秘密：歐陸最暢銷自我凝聚練習，讓平靜安穩由內而生

Die 7 Geheimnisse der Schildkröte: Den Alltag entschleunigen, das Leben entdecken

---

作　　者 龍悠（Aljoscha Long）、朗諾德・史威普（Ronald Schweppe）
譯　　者 陳繪茹
行銷企畫 劉妍伶
執行編輯 陳希林
封面設計 陳文德
內文構成 6宅貓

發 行 人 王榮文
出版發行 遠流出版事業股份有限公司
地　　址 臺北市南昌路2段81號6樓
客服電話 02-2392-6899
傳　　真 02-2392-6658
郵　　撥 0189456-1
著作權顧問 蕭雄淋律師
2020年11月01日 初版一刷
定價 新台幣320元（如有缺頁或破損，請寄回更換）

ISBN 978-957-32-8886-2
http://www.ylib.com E-mail: ylib@ylib.com

Original title: Die 7 Geheimnisse der Schildkröte
by Aljoscha A. Long and Ronald Schweppe